Peter Cornelius Mayer-Tasch

Schon wieder mischen sie Beton . . .

Peter C. Mayer-Tasch

Schon wieder mischen sie Beton...

Lebensräume zwischen Architektur und Politik

EDITION INTERFROM

TEXTE+THESEN Sachbuch
Originalausgabe

Alle Rechte vorbehalten
© EDITION INTERFROM,
Zürich 1994
Vertrieb für die Bundesrepublik
Deutschland:
VERLAG A. FROMM, Osnabrück
Umschlaggestaltung:
Sylve Ehrnsberger
Gesamtherstellung:
Druck- und Verlagshaus FROMM
GmbH & Co. KG, Osnabrück

ISBN 3-7201-5257-x

Die Deutsche Bibliothek —
CIP-Einheitsaufnahme

Mayer-Tasch, Peter Cornelius:
Schon wieder mischen sie Beton...:
Lebensräume zwischen Architektur
und Politik / Peter C. Mayer-Tasch. —
Zürich: Ed. Interfrom, 1994
(Texte + Thesen; 257)
ISBN 3-7201-5257-x
NE:GT

*Ich widme diese Schrift meinem Freunde
Prof. Dr. med.* **Rüdiger Disko** *(München),
dessen unbestechliches Auge
mir den Blick für die Welt der Bauästhetik
nachdrücklich geschärft hat, sowie dem
Architekten* **Sylvester Dufter** *(Traunstein),
dessen denkmalpflegerische und ökologische Umsicht
und Hingabe sich bei der Restaurierung des
Berchtesgadener Mausbichl-Lehens
meisterhaft bewährt hat.*

Peter Cornelius Mayer-Tasch

Inhalt

"Schon wieder mischen sie Beton..."
11

Wie politisch ist Architektur?
16

Architektur als Spiegel von
Politik und Gesellschaft
17

Von der Architektur der Versöhnung
zur Politik der Versöhnung
von Natur, Kultur und Leben
23

Gestalt und Ungestalt der öffentlichen Räume
36

Der Bürger und das "Bild der Stadt"
36

Die kleinen Ungeheuer
36

Demokratie und Öffentlichkeit
49

Was nun? Was tun?
59

Der Bürger und sein Dorf
65

Monotonie und Chaos
66

Landliebe und Rustikalkosmetik
69

Ordnung und Gelassenheit
74

<u>Die Architektur auf der Suche
nach Mitte und Maß</u>
84

Verlust und Aufruhr der Mitte
85

Idealismus und Romantik:
Die mißlungene Revolte
86

Die Jugendbewegung
88

Die Bürgerinitiativ-, Ökologie- und
Alternativbewegung
92

Das Haus im Kreislauf von Gesellschaft
und Natur
96

„Anständige Baugesinnung"?
97

Traditionalismus und Regionalismus
100

Small, slow, near and pure is beautiful
103

Architektur und Politik am Weg zu einer
universalistischen Kultur
112

Anmerkungen
115

Literaturverzeichnis
120

Personen- und Ortsregister
126

Sachregister
128

„Schon wieder mischen sie Beton..."
(Prolog)

„Schon wieder mischen sie Beton" heißt es in einem Gedicht von Günter Grass, dessen eigentliches Thema („März") an das Rosten von Betonarmierungen anknüpft. Und in der Tat ist das Mischen von Beton in ähnlicher Weise zum Synonym und Signum einer ganzen Epoche der Architekturentwicklung geworden wie sich deren Niedergang — als pars pro toto — am Bröckeln von Beton festmachen ließe. Der Einsturz des Vordaches der (im Volksmund als „schwangere Auster" firmierenden) Berliner Kongreßhalle war jedenfalls ein weithin vernommenes Um- und Aufbruchsignal.

Was den Beton zur kulturkritisch akzentuierten Chiffre für eine ganze Epoche der Architekturentwicklung hat werden lassen, ist nicht zuletzt die Doppelbödigkeit des Begriffs, der sowohl auf die Allgegenwart des in mehrfacher Hinsicht problematischen Baustoffes als auch auf die Allgegenwart der mit dessen (Pseudo-)Härte assoziierbaren Verhärtungsmentalität des Architektur- und Baubetriebes verweist. Nur aus ihr ist die — mit der Zeitmaschine anreisenden Besuchern unserer „schönen, neuen Welt" wohl kaum verständliche — Inbrunst zu erklären, mit der das Antlitz der Erde planiert, asphaltiert und eben auch betoniert wird.

Kommt es wirklich „drauf an, was man draus macht" — Betonmischmaschine im Zillertal.
Foto: Sylvia Hamberger

Wie alles Lebendige befindet sich auch die Architektur in ständigem Wandel. Der sich in im wahrsten Sinne des Wortes „abrupten" Ereignissen wie dem erwähnten Einsturz des Berliner Kongreßhallendaches manifestierende Um- und Aufbruch ist jedoch von besonderer Dramatik. Ähnlich wie etwa auch Beispiele aus der chemischen Giftküche des Baubetriebes dokumentiert er paradigmatisch die Folgen einer geistigen Stagnation. Die teils evidente, teils latente Lebensfeindlichkeit der vom Bauhaus initiierten Architektur der Geraden (und der Gifte) ist längst zum globalen Phänomen geworden. Selbst im Trend der Postmoderne denkt sie allenfalls peripher daran, die Bausünden der Moderne tätig zu bereuen.

Wie nun schon seit vielen Jahrzehnten (und wenn man den Maßstab sehr hoch setzt, muß man hinzufügen: Jahrhunderten) geschieht das mehr oder minder kunstfertige Errichten und Zusammenfügen von Behausungen — und nichts anderes als dieses bedeutet Architektur — weithin mit der Unschuld der um wesentliche Lebenszusammenhänge wenig oder gar nichts Wissenden. Diese im Hinblick auf ihre mittel- und langfristigen Folgen monströse Unschuld der Halbwissenden und der Unwissenden hat viele Gesichter. Es ist die Unschuld der Rechner, die beim Errichten ihrer sterilen Wohn-, Büro- und Gewerbesilos in ihrer eigenen Welt der Unschuld (der kapitalistischen) leben und sich im Hinblick auf die Konsequenzen ihres Tuns und Lassens kurioserweise mit den Sozialbewußten treffen, deren Stein gewordene Fürsorglichkeit sich nicht selten — wenn auch aus anderen Motiven — als ähnlich unsozial erweist. Es ist die Unschuld der Hochbauer, die Platz sparen

Gewerbesilo mit Rasterfassade.   *Foto: Rüdiger Disko*

wollen und dabei nicht nur die Voraussetzungen „artgerechter Menschenhaltung", sondern auch die Anmut der Landschaft verschandeln. Es ist die Unschuld der Wiederverwerter, die Abfall vermeiden wollen und dabei nicht selten das Wohlbefinden derer gefährden, die sie mit ihren cleveren Recycling-Produkten einmauern und eindecken. Es ist die Unschuld der Haus- und Städteplaner, die für alle lebenswichtigen Individual- und Kollektivfunktionen Sorge tragen wollen und doch häufig genug für das Allerwichtigste — Gesundheit und Lebensfreude garantierende Lebensräume — keine Vorsorge treffen. Es ist die Unschuld schließlich auch der Verkehrs- und Straßenplaner, die die in ihren Behausungen Eingeschlossenen zusammenführen wollen und sie im Zuge dieses Bemühens nicht selten noch unerbittlicher voneinander trennen. Soweit das Auge reicht, liegen mithin auch in der Architektur-Landschaft die Unschuldsstücke auf der Hand, fehlt jedoch nur allzu häufig das geistige Band ganzheitlichen Bemühens oder gar Gelingens.

Nicht zuletzt im Medium dieses durch die wechselseitige Verstrickung von Schuld und Unschuld charakterisierten Beitrags der Architektur zum Zustand unserer Zivilisation wird die Baukunst zum Paradigma und Abbild der Politik, die in so vielen Bezügen von einer nicht minder monströsen Unschuld geprägt wird. Man denke etwa an die weltweit süchtig verfolgte Wachstumspolitik, die ohne Rücksicht auf Öko-Bilanzen (und daher selbst wirtschaftspolitisch kontraproduktiv) agiert, an die in den Industrieländern betriebene Umweltpolitik, die sich auf Nachsorge-Technologien konzentriert und deshalb weithin Politik des peripheren Eingriffs bleibt, an die vorherrschende Entwicklungspolitik, die dafür sorgt, daß sich unsere zivilisatorischen Fehler auch anderwärts entwickeln können und deren Export dann als Bumerang auf uns zurückschlägt.

Die monströse Unschuld der globalen Architekturentwicklung der letzten Jahrzehnte ist aber nicht nur Abbild von Politik; sie ist vielmehr in sich und aus sich selbst heraus von eminent politischer Bedeutung, die nicht für jedermann und jederzeit klar erkennbar ist. Nicht zuletzt die Freilegung dieser (sozio-)politischen Relevanz ist Gegenstand der folgenden Betrachtungen, die der „monströsen Schuld" nicht nur — aber auch nicht zuletzt — beim Mischen und beim Bröckeln von Beton auf der Spur zu bleiben versuchen. Wenn sie dazu beitragen könnten, die nicht zuletzt unter dem Einfluß der Ökologiebewegung zu beobachtenden Bemühungen zu verstärken, überkommene Lebensräume zu erhalten und neue Lebensräume zu erschließen, hätten sie ihr Ziel erreicht.

Wie politisch ist Architektur?

Das Errichten von Behausungen scheint fürs erste etwas sehr Unpolitisches zu sein, nur der physischen Selbsterhaltung des Menschen zu dienen, dem Schutz vor Wind und Wetter sowie dem psychischen Bedürfnis nach Geborgenheit. Spätestens jedoch, wenn Architektur in der Überhöhung ihrer Grundfunktion als echte Baukunst in Erscheinung tritt, das auch nach außen wirkende Gestalterische ins Blickfeld rückt, werden die „politischen" Implikationen unübersehbar.

Was aber heißt politisch? Das Adjektiv „politisch" ist von der Polis abgeleitet, vom griechischen Stadtstaat, der Wiege der abendländischen Staats- und Sozialphilosophie — von jenem Gebilde also, das nach der Förderung eines philosophischen Höhenflugs bis dahin nicht gekannten Ausmaßes im gewaltsamen Auf- und Abstieg des alexandrinischen Weltreiches zerbrach, um sich dann politisch und kulturell ins Groß- und Weiträumige zu verlieren. Das Politische ist also zunächst einmal ganz allgemein als das auf das Staatswesen Bezogene zu verstehen. Und dies sowohl im faktischen als auch im normativen Sinne, im Hinblick auf das Sein wie auch im Hinblick auf das Seinsollen von Staat und Staatlichkeit. Mit anderen Worten: Die Frage, wie politisch ein bestimmtes soziokulturelles Phänomen sei, umschließt drei weitere Fragen: die Frage, ob dieses Phänomen überhaupt einen Bezug zu den Lebensrhythmen des Gemeinwesens hat; die Frage, inwieweit es als Ausdruck dieser Lebensrhythmen verstanden werden kann bzw. ob und inwieweit es auf sie zurückwirkt, und die Frage schließlich, wie das ins Blickfeld gerückte Phänomen beeinflußt werden kann, um die konstitutionell deklarierten und sozial internalisierten Wert- und Zielsetzungen des Gemeinwesens nachhaltig zu fördern. Diese Fragen werden die folgenden Überlegungen begleiten.

Architektur als Spiegel von Politik und Gesellschaft

Schon die bloße Bereitstellung des sprichwörtlichen „Dach(es) über dem Kopf" hat in dem umrissenen Sinne politische Implikationen und Konsequenzen. Die Sorge für die physische und psychische Erhaltung und Entfaltung seiner Bürger zählt zweifellos zu den Grundaufgaben jedes Gemeinwesens. Vermag es sie — aufgrund der mangelnden Führungskraft seiner Kultur- und Machteliten oder wegen plötzlich hereinbrechender Katastrophen — nicht oder nur unzureichend wahrzunehmen, so muß es für dieses sozioökonomische oder soziopolitische Unvermögen den Preis der Instabilität bezahlen, mag es über kurz oder lang gar in seinem Bestand gefährdet sein. Der große Philosoph der Ordnung, Thomas Hobbes (1588-1679), hat dem Bürger für diesen Fall sogar ausdrücklich ein (wenn auch begrenztes) Widerstandsrecht zuerkannt[1].

Es geht aber selbstverständlich nicht nur um das „Ob", sondern auch um das „Wie" der architektonischen Erfüllung der erwähnten politischen Grundaufgaben — um die gestalterischen Qualitäten also.

Zu allen Zeiten war das architektonische Bild einer Gesellschaft Ausdruck für die Art, in der diese Gesellschaft sozial, kulturell und politisch verfaßt war bzw. auf welche Art sie im Medium der Architektur auf die Festigung oder Lockerung dieser Verfaßtheit Einfluß genommen hat: Ein radial auf den Dom ausgerichtetes mittelalterliches Stadtbild gibt andere Aufschlüsse über den Zuschnitt der Gesellschaft zur Entstehungszeit dieses Stadtbildes als etwa ein radial auf das Schloß ausgerichtetes barockes Stadt- oder Landschaftsbild wie beispielweise in Karlsruhe oder Clemenswerth. Das nach dem großen Erdbeben von 1755 in Planquadraten wiedererrichtete Lissabon des Marquis de Pombal erlaubt andere Rückschlüsse auf Politik und Kultur jener Epoche als die endlosen Bungalow-Vorstädte Bostons und anderer vergleichbarer Städte. Wenn heute hinter dem Kaiserpalast von Tokio ein Hochhaus aufragt, das vollen Einblick in die kaiserlichen Gärten erlaubt, so vermag dieses Phänomen vielleicht mehr über den 1945 erfolgten politischen Erdrutsch und über die heutige Verfassungswirklichkeit Japans auszusagen als die japanische Verfassung selbst und so manches gelehrte Traktat. Wenn draußen auf dem Lande die Kirche nicht mehr „im Dorf" geblieben ist, wenn die Schule an den Dorfrand, womöglich gar in die Nähe des Gewerbegebietes gerückt ist und mithin nicht mehr neben oder in der Nähe der Kirche im Zentrum steht, so zeigt auch dies, welche Stunde es für die soziale und politische Kultur unseres Gemeinwesens geschlagen hat. Wenn unsere Städte und Dörfer an der Peripherie in alle Richtungen krebsig auswuchern, so sagt dies nicht zuletzt etwas über ihren geistigen Zuschnitt.

Wer sich der politischen Mitte des Gemeinwesens — dem Schloß eines absoluten Duodezfürsten der Barockzeit etwa — auf Alleen und flankiert von symmetrisch angeordneten Flügelbauten näherte, mußte andere Vorstellungen über seinen soziopolitischen Standort entwickeln als der Dutzendbürger im Vorort unserer Tage, der in das „Mehrzweckgebäude" geht, das Rathaus, Vortragssaal und Restaurant ist in einem. Welch' ein weiter Weg von der ausgewogenen Proportionalität des griechischen Tempels über die schon zur imperialen Geste vergröberte Klassizität Roms, den geistig ausgeglühten und ausglühenden Klassizismus Schinkels, die nackte Machtgier signalisierende Brutalität des faschistischen Monumentalismus bis hin zur (auf andere Weise als jener gleichmacherischen) Banalität des kommerzialisierten Spätkubismus unserer Tage, die im un(an)gemessenen Aufstreben zahlloser Hochhäuser — der „Kathedralen des Satans", wie Max Himmelheber sie nennt — ihre dämonischen Reißzähne zeigt.

Wie genau läßt sich doch aus solchen architektonischen Dokumenten die soziokulturelle und soziopolitische Grundstimmung der jeweiligen Epoche ablesen! Und was im Großen gilt, gilt auch im Kleinen. Auch dem architektonischen Detail mag eine hohe soziokulturelle und soziopolitische Aussagekraft zukommen. Man vergleiche das hochragende Fenster der Gotik mit dem quer gelagerten, in den späten 40er, in den 50er und 60er Jahren zum obligaten Blumen- und Schaufenster verkommenen Bauhaus-Fenster: Ausdruck eines jenseitstrunkenen Aufstrebens dort, Siegel einer zur Hoffnungslosigkeit neigenden Diesseitigkeit hier. Dort die letztlich nur aus der Transzendenz herleitbare Legitimation feudaler Herrschaft, hier die aus dem Hier und Jetzt fließende Pseudoselbstverständlichkeit der noch Rousseaus volonté générale mißverstehenden Konsumdemokratie.

So wie die Menschen denken und fühlen (und sei es auch im Zustand der Bewußtseinsspaltung), so bauen sie auch. Innere Bewegung drängt in äußere Gestaltungsräume. Wie sich über das menschliche Antlitz (diesen Spiegel der Seele) die erste Haut spannt und wie den Körper die zweite Haut der Kleidung (Ausdruck der Persönlichkeit vielfach auch diese) einhüllt, so umgrenzt auch ein gut Teil unseres sozialen und politischen Handels und Wandels die dritte Haut der Architektur. Ob diese Haut „nur" verdichtet und gehärtet ist (wie in Lehm- und Ziegelbauten), gänzlich versteinert (wie im klassischen Steinquaderbau), tot- und ausgebrannt (wie im Gebäude aus Beton, Kunst- und Schlackenstein), ob sie atmosphärisch klirrt und starrt und ächzt (wie in Glas- und Stahlbauten) oder atmet und schwingt (wie beim Holzhaus und der Palmwedelhütte) — all dies mag man vielleicht zunächst nur als bauphysikalisches und baubiologisches Phänomen einordnen. Bei näherem Zusehen freilich zeigt sich, daß auch die Wahl bestimmter Materialien keineswegs nur auf funktionale oder sozioökonomische Sachzwänge zurückführbar ist, sondern vielmehr ein sehr deutlicher Indikator für die Mentalität der jeweiligen Bauherren und — bei massiertem Auftreten — für die politische Kultur des betreffenden Gemeinwesens sein kann. Durch eine (noch ausstehende) empirische Untersuchung über die politische Ausrichtung der heutigen Interessenten für ökologisches Bauen dürfte sich dieser Hinweis leicht untermauern lassen. Man darf sie jedenfalls kaum im Lager derer vermuten, die *law and order* zum Zwecke der weiteren Planierung, Quadrierung, Betonierung, Kontaminierung und Radioaktivierung der Welt zu erzwingen versuchen.

Atmende Baustoffe und den Einstrom kosmischer Kräfte einladende Bauformen gehören in ein anderes soziokulturelles und soziopolitisches Milieu als solche, die in ihrer mehr oder minder ausgeprägten Hermetik den Eindruck erwecken, darauf nicht angewiesen zu sein. Wenn das Tipi gewisser Indianerstämme oben offen blieb, so war die Öffnung nicht nur Rauchabzug, sondern auch atmender Brückenschlag zum Kosmos. Wenn seit dem ersten Drittel dieses Jahrhunderts — vorab durch die Arbeit der Bauhaus-Pioniere — das Flachdach in immer stärkerem Maße in den Vordergrund trat, so war dies mehr als eine bloße Mode, mehr auch als das bloße Wegwollen vom Gewohnten, mehr als die Sehnsucht nach Befreiung vom Ornament, so sehr dieses

Moment auch in den Manifesten seiner futuristisch gestimmten Protagonisten beschworen worden sein mag. Wovon man sich in einer mehr und mehr in den Sog der technisch-ökonomischen Rationalität geratenden Gesellschaft zwanglos zu trennen vermochte, ja zum Teil geradezu süchtig trennen mußte, waren die auf dem Dreieck und anderen Grundmustern der „heiligen Geometrie" basierenden, die Einbindung des Hauses in kosmische Ordnungen (und damit das Hereinholen von Jenseitskräften ins Diesseits) signalisierenden Dachformen. Diese Art von Anbindung an die Transzendenz war für den Zeitgeist nicht nur überflüssig, sondern geradezu kontraproduktiv geworden. Welche Art von Kontraproduktivität diese Architekturhaltung dann freilich — zumal in ihren gnadenlosen Banalisierungen — ihrerseits zur Folge hatte, können wir heute weltweit an unseren Stadtlandschaften erkennen. Und wenn der sog. Postmodernismus in der Architektur die Wiederannäherung an die, wenn auch mit den Wassern einer phantastischen Zeitlosigkeit getaufte, Tradition sucht, so geschieht dies nicht zuletzt aus der Erkenntnis heraus, daß die in ihrer teils (lediglich) banalen, teils (auch) brutalen Massierung zu einer „Architektur der Gewalt" (Richard Dietrich)[2] gewordene Architektur der Verflachung in eine tödliche Sackgasse geraten war. Diese nicht nur neurotisierende und kriminalisierende, sondern auch im Zivilisationssog auf eine schreckliche Weise egalisierende und totalisierende Architektur der Verflachung war und ist jedenfalls zu einem Politikum geworden, weil sie nicht nur Ausdruck der uns nur allzu bekannten zivilisatorischen Grundstimmung ist, sondern auch affirmativ auf diese zurückwirkt[3].

Diese kritischen Anmerkungen zum Verhältnis von Architektur und Politik führen mehr oder minder zwangsläufig zu der Frage, auf welche Weise die Planungs- und Baukultur heute wieder zu einer unsere politische Kultur wohltuend beeinflussenden Größe werden könnte.

Von der Architektur der Versöhnung zur Politik der Versöhnung von Natur, Kultur und Leben

Über den normativen Aspekt der Frage „Wie politisch ist Architektur?" nachzudenken heißt zunächst einmal, die legitimen Richtnormen des Politischen ins Blickfeld zu rücken. Dies zu tun ist einfach und schwierig zugleich. Einfach deshalb, weil der normative Rahmen nach dem Selbstverständnis jeder Gesellschaft durch ihre Verfassungsordnung vorgegeben ist. Schwierig deshalb, weil dieser normative Rahmen sowohl im verfassungspolitischen Räsonnement als auch in der verfassungsrechtlichen Interpretation in mannigfacher Weise überschritten werden kann. Die für die Architektur (wie für jedwede andere kulturelle Bemühung) vorgegebenen Richtwerte lassen sich daher auch nur vergleichsweise vage bestimmen. In Deutschland sind ihre konstitutionellen Angelpunkte die Artikel 20 und 28 des Grundgesetzes, in denen die Staatsstruktur- und Staatszielbestimmungen der Rechts-, Volks- und Sozialstaatlichkeit verankert sind[4], zu denen in Länderverfassungen (wie etwa in der Bayerischen Verfassung) noch das normative Element der Kulturstaatlichkeit (Art. 3 Abs. 1 BV) hinzukommt. Und wenn sich dieser Normfächer in unserem Zusammenhang auch nicht ganz öffnen läßt, so mag er doch an die — dem modernen Verfassungsstaat abendländischer Prägung (und damit den erwähnten Staatsstruktur- und Staatszielbestimmungen) zugrundeliegende — Grundwerte-Trias der Französischen Revolution und an den Dreiklang von Freiheit, Gleichheit und Brüderlichkeit erinnern, der in entsprechender Umsetzung auch Richtgröße jeder architektonischen Bemühung sein müßte.

Daß auch diese Umsetzung mannigfachen Unwägbarkeiten ausgesetzt ist, daß sich die genannten Richtgrößen bei näherem Zusehen als äußerst facettenreiche Werte erweisen, ist unübersehbar. Keine Rhetorik kann darüber hinwegtäuschen. Im Gegenteil: Jeder entsprechende Versuch würde dies nur um so deutlicher ans Licht bringen. Und dennoch: Pascals berühmtes Wort „Il n'y a pas de justice, mais il y a des limites" („Es gibt keine Gerechtigkeit, aber es gibt Grenzen") gilt bis zu einem gewissen Grade auch hier. Wir alle wissen, daß spätestens die zum mehr oder minder willenlosen Werkzeug der technisch-ökonomischen Rationalität gewordene Trivial- und Brutalarchitektur der Moderne diese Grenzen überschritten hat, daß sie das Bild unserer Städte, Dörfer und Landschaften in einer Art und Weise entstellt, daß sich die (paradoxerweise gerade zu ihren Gunsten immer wieder beschworene) Assoziation von Freiheit, Gleichheit und Brüderlichkeit entweder überhaupt nicht mehr oder nur noch in einer grotesk verzerrten Umkehrung einstellen will.

Damit soll nicht gesagt werden, daß es der Massenarchitektur der Moderne vorbehalten war, zum mehr oder minder willenlosen Werkzeug der vorherrschenden sozialen und politischen Kultur zu werden — und schon gar nicht, daß dies nicht auch in früheren Epochen zu unguten Erscheinungen geführt hat. „Zilles Milieu" etwa im feucht-schattigen Dunst der Berliner Profitkasernen ist unserem sozialen Gewissen nicht zuletzt durch seine kulturelle Vermittlung wohl unauslöschlich eingebrannt. Zum einen aber hat dieses Phänomen der Grenzüberschreitung in der jüngsten Vergangenheit aus den verschiedensten Gründen eine Verdichtung zuvor nie gekannten Ausmaßes erfahren. Zum anderen können wir uns nur *den* Herausforderungen wirklich stellen, mit denen wir hier und heute konfrontiert sind; und dies unabhängig davon, wie weit oder eng die Spielräume auch sein mögen, die sich den potentiellen Akteuren eröffnen.

Die Architekten pflegen sich auf äußere Zwänge zu berufen, auf die Vorgaben der Bauherren, auf den finanziellen Rahmen, auf die Beschränkungen und Beschränktheiten des Planungs- und Baurechts. Die Bauherren lamentieren über die Nachlässigkeit der Architekten, die Inkompetenz der Handwerker und die Engstirnigkeit der Beamten. Diese wiederum drehen den Spieß um: und alle zusammen verbitten sich die „Mitregierung unverantwortlicher Aktivisten", wie Wilhelm Hennis die Partizipationsbemü-

hungen der Bürgerinitiativen titulierte[5], ehe er im Schatten von Wyhl sein ökologisches Damaskus erleben sollte. Kurzum: Einengungen und Rahmenzwänge hin oder her — mit wechselseitigen Schuldzuweisungen läßt sich historischen Herausforderungen nicht auf befriedigende Weise begegnen. Aufgerufen sind heute alle potentiellen Akteure, mit gutem Willen und der ihnen zur Verfügung stehenden Kreativität und Flexibilität die vorhandenen Spielräume sowohl auszufüllen als auch auszudehnen, um die politische Kultur unseres Gemeinwesens auch im Medium der Architektur auf eine gemeinwohlfördernde Weise zu beeinflussen und so von einer Architektur der Versöhnung zu einer Politik der Versöhnung von Natur, Kultur und Leben zu gelangen.
Die beruflich oder aus Passion mit Architekturfragen Befaßten werden viele Ansatzmöglichkeiten zu einer solchen Strategie der mehr oder minder kleinen Schritte sehen — jener kleinen Schritte, die uns dann doch ein gutes Stück weiterbringen könnten, falls wir dem „Prinzip Hoffnung" (Ernst Bloch) oder auch nur der konstruktiven Seite des Mythos von Sisyphos in und um uns noch eine Chance geben wollen. Solche Ansatzmöglichkeiten und Ansätze mag man in der postmodernen Architektur sehen oder auch in den Bemühungen um das ökologische Bauen. Im Hinblick auf den Postmodernismus ist nicht zu verkennen, daß da viel modischer Schnickschnack am Werk ist, daß sich landauf, landab immer wieder nicht nur „sanfte Verwirrung" einschleicht[6] (um einen scharfzüngigen Kritiker der Neuen Pinakothek des Münchner Architekten Alexander von

Branca zu zitieren), sondern auch handfestes Chaos breitmacht. Auch das ökologische Bauen stolpert heute noch in mannigfache Sackgassen, begleitet von allzu vorschnellen Recyclingträumen, allzu unverdauten Alternativszenarien und allzu wollsockigen Treuherzigkeiten. Und dennoch müßte man taub und blind sein, um zu verkennen, daß beide Strömungen eine Fülle lebensfördernder Impulse aus dem geistigen Reservoir unseres bereits den Aufbruch in ein neues Zeitalter im Schilde tragenden Fin de siècle der technisch-ökonomischen Rationalität in sich aufgenommen haben und sich darüber hinaus auch anschicken, diese Impulse in ihrer Formen- und Materialsprache in den Raum der sozialen und politischen Kultur zurückzugeben.

Zu diesen Impulsen zählt nicht zuletzt die in vielen postmodernen Ansätzen zum Ausdruck kommende (und dennoch aus der Zeit gehobene) Rückbesinnung auf den Traditionsstrom, in dem wir stehen. Die Ordnungsmuster von Tradition und Kontinuität bergen — sofern sie sich von altersstarrer Rechthaberei und chaotisierender Beliebigkeit gleichermaßen fernzuhalten wissen — einen großen Erfahrungsschatz an Überlebenswissen, das nicht zuletzt auch das Motiv der Ganzheitlichkeit umschließt. Das so lange vernachlässigte (oder aber in mehr oder minder seeelenlosem Formalismus gehandhabte) Sich-einfügen-Können in ein vorgegebenes Ensemble oder Milieu mag von daher wieder neuen Rückhalt gewinnen. Das Sich-einfügen-Können als Ausdruck einer Architektur der Selbstbescheidung also, die alle sozialen (und damit letztend-

Das „Auslaufmodell" — verfallender Ausläufer eines im Gleichklang mit der Natur errichteten Tessiner Bergdorfes: Bergell im Val Marino.
Foto: Paul Werner

lich auch politischen) Grundwerte zu fördern vermag, von einer recht verstandenen, die Einzelbelange nicht über das Gemeinwohl stellenden Liberalität über ein demokratisches Den-Nächsten-als-Bürger-gelten-Lassen bis hin zur sozialen Mitverantwortung für die visuell (und häufig genug auch habituell) hilflosen menschlichen Objekte und Opfer der zumindest indirekte Gewalt ausübenden Architektur. Daß dieses Sich-einfügen-Können-und-Wollen keinesfalls den Verzicht auf die persönliche Handschrift, auf das persönliche Profil von Architekt und Bauherrn zu bedeuten braucht, ist unbestritten. Angesichts so viel chaotischer und hilfloser Exzentrik läßt sich dieses Profil heute gerade in der Besinnung auf das zeitlos Gültige gewinnen.

Man braucht in diesem Zusammenhang keineswegs nur an Denkmalschutz zu denken. Denkmalschutz muß selbstverständlich sein für eine Gesellschaft, die sich nicht einer wichtigen Dimension von Selbstvergewisserung entziehen will. Nicht von ungefähr führt Orwell in seinem utopischen Roman „1984" die Liebe zu Antiquitäten als Entlarvungsmedium für noch unentdeckte potentielle Revolutionäre ein[7]. Denkmalschutz ist ein Politikum höchsten Ranges und ein Bollwerk wider die architektonische Selbstaufgabe in der amorphen Dialektik eines sich besinnungslos fortzeugenden Gestaltungswillens.

Vom freilich auch seinerseits mit Ziel und Maß gehandhabten Denkmalschutz als normativer Selbstverständlichkeit braucht also nicht die Rede zu sein; wohl aber von zeitlosen, auch die Dimension des Denkmalschutzes transzendierenden Ordnungsmustern. Zu deren Wiederentdeckung scheint gerade die architektonische Postmoderne einen wichtigen Beitrag zu leisten. Im Rahmen der Tessiner Schule wird dies sehr deutlich[8]. Die „Casa Tonini" der Architekten Bruno Reichlin und Fabio Reinhardt etwa rekurriert in durchaus nicht epigonaler Manier auf Palladio und auf den Goldenen Schnitt — dem hohen Symbol jener Maßstäblichkeit und Gemessenheit, an der es unserer Gesellschaft der neobabylonischen Raketen- und Kraftwerkbauer in so atemberaubender Weise gebricht. Berührungsängste à la Habermas, der schon in dem postmodernen Rückgriff auf Symmetrie und Achse den künftigen Rückfall in autoritäre Herrschaftsformen wittert und auch unter diesem Aspekt unverdrossen die Fortsetzung des „Projekts der Moderne" fordert[9], vermag ich jedenfalls nicht zu teilen. Im Gegenteil: Gerade diese allenthalben erfahrbare, von des Gedankens Blässe immer noch kaum ernsthaft angekränkelte Fortsetzung des Projekts der Moderne scheint uns in soziopolitische Totalitarismen bislang noch nie gekannten Ausmaßes zu manövrieren — und dies auch ohne Symmetrie und Achse, vor allem aber ohne jedes Gespür für Mitte und Maß. Auch darauf, daß uns dieses Gespür für Mitte und Maß in beängstigender Weise abhanden gekommen ist, daß das Gefühl der Bedrohung durch den zivilisatorischen (und damit indirekt auch soziopolitischen) Zugriff immer drängender wird, reagiert die Postmoderne immer wieder auf markante Weise. Ablesen läßt sich dies etwa an der Häufung trutziger, mittelalterlich anmutender Gebilde. Man denke etwa an Gottfried Böhms Rathaus von Bensberg[10] oder Stirlings ursprünglichen Entwurf des Wissenschaftszentrums in Berlin. Man denke auch an die paradox-pathetische Geste von Mario Bottas „Casa Rotonda", die sich wehrhaft von den bis an ihre Grundmauern spülenden Wogen modernistischer Banalität absetzt[11]. Was sich auf den ersten Blick als eher rücksichtsloser Neo-Individualismus präsentieren mag, ist in Wirklichkeit eher eine (auf die präkatastrophale

Survivalszene verweisende) Absage an den Kollektivismus der Lemminge. Daß solche der schon erwähnten anderen postmodernen Tendenz des Sich-einfügen-Wollens diametral entgegengesetzte Architekturgesten schwerlich als generalisierbares Konzept propagiert, wohl aber als verzweifelter Aufschrei verstanden werden können, denen Versöhnungsgesten folgen müssen, ist unverkennbar.

Diese Art von Versöhnung läßt sich schon in der neuen Freude an Nuancierungen und Differenzierungen — nach dem Biologen Adolf Portmann ein Grundstrom des Lebens — entdecken[12]; sie läßt sich an einem wieder weiter ausgreifenden, Architektur als Abbild des ganzen Menschen wiederentdeckenden Funktionalismus ablesen, der sich von dem auf die Produktion von „Wohnmaschinen"

Die Heilmaschine — das Münchner Großklinikum Hadern.
Foto: Ossi Baumeister

(welch' ein verräterischer Begriff, den Corbusier da geprägt hat) begrenzten Partial- und Residualfunktionalismus der Moderne wohltuend abhebt. Sie läßt sich sicher auch in den mannigfachen Bemühungen um eine baubiologische Optimierung unserer Baukultur erkennen, in der Wiedererstarkung des Hauses als potentiell autarkem System, in der umweltschonenden Abkoppelung vom großen, zumindest tendenziell totalitären Ver- und Entsorger, in der Absage an den mehr und mehr zum sozialen Grundgesetz der Industriegesellschaft gewordenen Anschlußzwang[13]. Man denke in diesem Zusammenhang vor allem an die — freilich durch eine skandalöse staatliche Subventionspolitik gebremste — Entwicklung regenerativer Energieversorgungs- und Entsorgungssysteme, an Erd- und Sonnenhäuser, Wärme-Kraft-Koppelung, doppelte Wasserkreisläufe, Klärteiche, Kompost-WCs etc.

Bemühungen solcher Art signalisieren deutlich den Willen zur Abkehr von jener megalomanen Fühllosigkeit der Moderne, die keine Skrupel hatte, selbst noch das Gebäude einer Fakultät für Biologie — den Biology-Tower der Yale University von Philip Johnson[14] — als einen tendenziell nekrotischen Container-Turm aufstellen zu lassen, oder auch die Anmut des Berkeley-Campus durch ein Fakultätsgebäude für Architektur (schlimmer noch als Nekrotik ist Nekrophilie!) zu sprengen, dessen brutalistische Verschrobenheit ihresgleichen sucht. Unaufhaltsam erscheint inzwischen die Bemühung um Entwicklung einer neuen Sensibilität für das jeweils Angemessene und die Suche nach einem stärkeren Einklang mit der Natur — um jenen Einklang mit der Natur, der sich nicht zuletzt auch in der Wiederbesinnung auf naturwüchsige Strahlungs- und Kraftfelder und in der neuen Sorgfalt im Umgang mit den Erkenntnissen der Baubiologie äußert.

Der ökologisch bewußt planende und ausführende Architekt und Bauherr mag zu einem ausgesprochenen Politikum werden: als Vorbild und Fanal selektiven Konsums und als ein die Umsetzung von Qualität in Quantität fördernder Katalysator — als einer, der im Akt von Annahme oder Verweigerung erheblichen Einfluß auf die öffentliche Meinung und damit indirekt auch auf Produktion, Distribution und Konsum gewinnen kann. Genauso wie sich von der Medizin her unser ganzer *way of life* kritisch aufrollen ließe, wäre er auch vom Typus des im Einklang mit seinem kritischen Bauherrn planenden Architekten her aufzurollen — von jenem die sozioökologischen Herausforderungen seiner Zeit annehmenden, seine Disziplin überschreitenden und damit erst wirklich zum Meister seiner Disziplin werdenden Idealtypus des mündigen Architekten, der wenigstens auf seinem Felde jene Gemeinwohlaufgabe erfüllt, die von der „großen Politik" nur in unzureichender Weise erfüllt wird und erfüllt werden kann. Der allgegenwärtigen Verlockung, die Unzulänglichkeit dieses politischen Rahmens als Alibi des Rückzugs auf das Nächstliegende zu mißbrauchen, sollte er nicht erliegen; statt dessen sollte er sich der politischen Substanz, ja Brisanz seines Beitrags zur Lösung dringender Gemeinwohlaufgaben bewußt werden. Im Verein mit ähnlich gesinnten mündigen Bürgern anderer

Berufssparten könnte der kritische Architekt dabei mithelfen, jene von parteipolitischer Polemik diskreditierte „andere Republik" entstehen zu lassen, die eigentlich entstehen müßte, wenn die Wertsetzungen unseres Grundgesetzes — vorab das sog. Mutter-Grundrecht auf Leben und körperliche Unversehrtheit und das im Geiste der Sozialbindung ausgeübte Grundrecht auf Eigentum — von den Trägern der politischen Willensbildung mit dem Ernst respektiert würden, der ihnen nach dem Willen der Väter des Grundgesetzes gebührt. Davon aber ist bisher leider nicht viel zu spüren. Allenthalben werden die Grundrechte so hingebogen, daß sie keiner soziopolitischen Größe wirklich schaden, wird unsere Um- und Mitwelt (und mit ihr wir selbst) „im Rahmen der wirtschaftlichen Vertretbarkeit"[15] und natürlich auch so, daß „die Schwelle praktischer Vernunft"[16] nicht überschritten wird, vergiftet und zerstört. Wenn schon Rechtssetzung und Rechtsanwendung nicht den Mut zu den unumgänglichen Prioritätssetzungen finden[17], so sollte wenigstens auch der im Zeichen der ökologischen Krise im wahrsten Sinne des Wortes um sein Leben kämpfende Bürger die ihm zur Verfügung stehenden Spielräume nutzen. Sie zu nutzen erscheint auch und gerade in einer Zeit unumgänglich, in der soziale und ökonomische Sachzwänge — wie die in den 90er Jahren anstehenden Angleichungsaufgaben in Ost und West oder auch die sich verstärkende wirtschaftliche Rezession — zu einer weiteren Einengung gerade dieser Spielräume zu führen scheinen. Rechte sollten gerade dann genutzt werden, wenn ihr Fortbestand gefährdet ist. Daß dies der Fall ist, zeigt unter anderem die Novellierung des deutschen Baugesetzbuches und der Bayerischen Bauordnung, die zu einer deutlichen Verringerung der bürgerschaftlichen Mitwirkungsrechte bei der Bauleitplanung wie auch zu einer nicht minder deutlichen Abschwächung der ökologischen und bauästhetischen Schutzvorkehrungen geführt hat.

Gestalt und Ungestalt der öffentlichen Räume

Der Bürger und das „Bild der Stadt"

Auf einem der schönsten Blätter aus Katsushika Hokusais Holzschnitt-Serie „Die hundert Ansichten des Berges Fuji" (1834/35) spiegeln sich die Konturen des heiligen Berges Japans mit unbestechlicher Klarheit in der Schale eines Saketrinkers. Und was für das Bild der Landschaft gilt, mag auch für das Bild der Stadt gelten. Auch hier nämlich manifestiert sich zuweilen das Große wie das Ganze in nichts deutlicher als im Detail. Das hermetische Gesetz der Entsprechungen gilt mithin auch für das Verhältnis von architektonischer Großform zu architektonischer Kleinform, für das Verhältnis der sogenannten Primärarchitektur zur sogenannten Sekundärarchitektur. Unbarmherzig spiegelt die monströse Unschuld der letzteren die nicht minder monströse Unschuld der ersteren.

Die kleinen Ungeheuer

Wir alle kennen sie, die kleinen Ungeheuer: die in rasantem Schrägschnitt prangenden Unterstände aus Eternit, die mit Plakatresten garnierten Trafohäuschen, die Geranienkübel aus Waschbeton, die Zigaretten-, Kaugummi- und Coca-Cola-Automaten, Leitungsmasten, Peitschenlampen, Straßenschilder. Und wir kennen auch ihr selbstvergessenes Nebeneinander, Durcheinander. Von einem Miteinander oder Ineinander nämlich kann man nun einmal nicht sprechen[18]. Ganz offensichtlich führen sie ein tristes Eigenleben. In aller Regel kümmern sie sich weder um ihresgleichen noch um den architektonischen Rahmen, dem sie optisch zugeordnet sind. Und schon gar nicht kümmern sie sich um den bewußten oder unbewußten Eindruck, den sie beim Passanten hinterlassen — um das also, was sie auch der sozialwissenschaftlichen Aufmerksamkeit empfiehlt. Es sind und bleiben Ungeheuer, ruhend einzig in ihrer asozialen Fühl- und Rücksichtslosigkeit. Wer dem

Sowohl die „kleinen Ungeheuer" als auch der Hintergrund könnten sich noch weit schlimmer präsentieren: Der Innsbrucker Platz in Berlin.
Foto: Wolfgang Zängl

chaotischen Eindruck dieser kleinen Monster nachsinnt, wird sehr bald zu der Erkenntnis gelangen, daß der ästhetische Befund einen rechtlichen, philosophischen, sozialen und politischen spiegelt. Die Vielfalt unangepaßter (und damit auch unerlöster) Formen ist Ausfluß einer Vielzahl unkoordinierter Kompetenzen. Die Vielzahl unkoordinierter Kompetenzen ist Ausdruck einer Vielfalt ungeordneter Gedanken. Die Vielfalt ungeordneter Gedanken ist Folge einer philosophischen und sozialen Entwicklung, die man mit dem Kunsthistoriker Hans Sedlmayer als „Verlust der Mitte"[19] kennzeichnen mag. Und dieser Verlust der Mitte ist auch in seiner sekundärarchitektonischen Dimension ganz ohne Zweifel ein Politikum.

Tatsache ist zunächst, daß die für die Gestaltung und Verbreitung von Sekundärarchitektur Zuständigen ihre Planungen in weitgehender Selbständigkeit durchführen. Sowohl die Elektrizitätswerke als auch die Post, die Bahn und die städtischen Verkehrsbetriebe projektieren ihre Installationen aufgrund von bloßen Pauschalabsprachen mit den jeweils betroffenen Fachbehörden wie auch mit den jeweiligen Gemeinde- und Kreisverwaltungsbehörden. Höhere Instanzen sind mit diesen Planungen zumeist nicht befaßt. Auch eine Genehmigungspflicht besteht für sie zumeist nicht. In Art. 66 Abs. 1, Ziff. 1—25 der Bayerischen Bauordnung etwa wird eine ganze Reihe sekundärarchitektonischer Gebilde ausdrücklich von der Genehmigungspflicht ausgenommen; die übrigen sind durch eine Generalklausel (Ziff. 26) als sogenannte „unbedeutende bauliche Anlagen" pauschal befreit. Auch die in allen deutschen Landesbauordnungen enthaltenen Schutznormen gegen verunstaltende Bauvorhaben (wie etwa der — insoweit folgerichtig von der Streichung bedrohte — Art. 12 Bay BO) scheinen in der Praxis für diese Gebilde nicht zu existieren; ihre Gestalter und Verbreiter können daher auch in aller Regel den grauen Linien ihrer eigenen Vorstellung von Zweckrationalität und Funktionalität folgen. Daß diese Linien ins Chaos führen, ist allgegenwärtige Erfahrung. Auch lauert das Chaos nicht erst dort, wo die Linien enden, die Vorstellungen Gestalt annehmen. Schon die Wege sind häufig vom Chaos umstellt. Niemand braucht sich zu wundern, wenn etwa Straßen, in denen gerade Gasleitungen verlegt wurden, kurz darauf wieder aufgerissen werden, um neue Elektroleitungen für Straßenlaternen aufzunehmen. Die nächste Veränderung der Trasse läßt dann wohl auch nicht lange auf sich warten.

Mag man mithin einen Mangel an rechtlichem Koordinationswillen diagnostizieren, so kann dieser Mangel keineswegs als bloßes Versäumnis des Gesetzgebers und damit als mehr oder minder zufällige „Gesetzeslücke" gewertet werden. Vom Gesetzgeber ist kaum zu erwarten, daß er diese „Lücke" ohne weiteres schließen will oder gar schließen kann. Und wenn dann durch eine glückliche Wendung diese Lücke dennoch geschlossen werden sollte, so ist auch von den Rechtsanwendern nicht ohne weiteres zu erwarten, daß sie mit dem normativen Nachschlag etwas anzufangen vermögen. Kein Recht ist nämlich besser als das Bewußtsein der Rechtsanwender. Zumindest vermag es sich angesichts der Ambivalenz der sogenannten juristischen Logik (die den Analogieschluß genauso kennt wie den Umkehrschluß) gegen dieses Bewußtsein der Rechtsanwender in aller Regel nicht durchzusetzen. Das Bewußtsein der Rechtsanwender wird wiederum in aller Regel vom Zeitgeist beflügelt. Dieser Zeitgeist aber hat der — nicht zuletzt auch in den Manifestationen der Sekundärarchitektur verkörperten — Chaotisierung unserer öffentlichen Räume wenig entgegenzusetzen: der Straßen, Wege, Plätze, Fußgänger- und Grünzonen. Zugrunde liegt ihr das Selbstbewußtsein eines unsere Gesellschaft in wachsendem Maße prägenden, von des Gedankens Blässe nicht angekränkelten Ver- und Entsorgungstotalitarismus. Zugrunde liegt ihr die monströse Unschuld einer nur scheinbar sättigenden, in Wirklichkeit aber unersättlichen Beglückungsmaschinerie.

Die sich im öffentlichen Raum Bewegenden müssen unablässig befördert, beleuchtet, aus Automaten versorgt, informiert und in die richtige Richtung gewiesen werden. Ihre Schritte müssen von eingezwängtem Grün gesäumt, ihren Wegwerfgebärden müssen Auffangbehälter dargereicht und ihrer Müdigkeit muß (in Form von Bänken) eine Zuflucht geschaffen werden. Und dies alles aufgrund der Fürsorglichkeit der verschiedensten Ver- und Entsorgungsspezialisten. Daß die von ihnen Ver- und Entsorgten die unterstellten Bedürfnisse überhaupt nicht bzw. nur bedingt haben könnten oder aber die von ihnen tatsächlich gehegten Bedürfnisse gerne auf ganz andere Weise befriedigt sähen, ist offenbar eine zivilisatorische *quantité négligeable,* die es hinzunehmen gilt. Darüber, daß die hier ins Blickfeld gerückte Art der Befriedigung solch individueller Bedürfnisse dem kollektiven Interesse an der Gestaltung öffentlicher Räume zuwiderlaufen könnte, wird ohnedies nur in vergleichsweise abgehobenen Kreisen gesprochen.

Nicht zur Diskussion stehen diese unübersehbaren ästhetischen und demokratischen Defizite, weil die von der Aufklärung und ihren Erben unablässig im Munde geführte Sorge um die menschliche Selbsterhaltung und -entfaltung zumindest seit dem zweiten Drittel des 19. Jahrhunderts eine immer deutlichere materialistische Akzentuierung erfahren hat. Bürgerliches Laissez-faire und sozialer Gegendruck trugen gleichermaßen und nach Kräften dazu bei, diese Betonung laufend zu verstärken. In der unser ganzes Rechtssystem durchziehenden Privilegierung des Rechtes auf Eigentum gegenüber dem Recht auf Leben und auf körperliche Unversehrtheit, wirkt diese Entwicklung noch heute fort[20]. Die vom bürgerlichen Individualismus seit dem Beginn der Renaissance Schritt um Schritt aufgegebene Idee der Ganzheit wurde auch vom sozialistischen Kollektivismus nicht wiedergewonnen. Es blieb und bleibt beim (notabene) ideellen Verlust der „heilen Welt". Daß die deutschen Worte „heil", „heilen" und „Heiland" — unabhängig von sonstigen etymologischen Bezügen — in einer inneren Verbindung zu dem griechischen Wort „holos" (= ganz, vollständig) stehen, ist unverkennbar. Eine „heile" Welt ist nicht zuletzt eine von der Idee der Ganzheit beseelte Welt. Das Wort vom „Verlust der Mitte" meint daher auch nicht zuletzt jene Mitte, die es nur in einer von der Idee der Ganzheit beseelten, „heilen" Welt geben kann.

Der Brückenschlag von der Philosophie zur Ästhetik liegt nur allzu nahe: Wo die Idee der Ganzheit, die Vorstellung eines Verwobenseins in kosmisch geordnete Rhythmen nicht mehr allgegenwärtig ist, kann ihre Spiegelung oder Nichtspiegelung in den kulturellen Schöpfungen des Menschen auch nicht mehr als wohltuend oder schmerzhaft empfunden werden. Für die Gestaltung öffentlicher Räume gilt insoweit nichts anderes als für andere menschliche Bemühungen auch. Öffentliche Plätze etwa, die nicht „aus einem Guß" sind, die nicht die potentielle Mitte einer Kommune bzw. eines kommunalen Bezirkes darstellen und daher auch nicht die Idee eines sozialen Ganzen zu vermitteln vermögen, verkörpern den Widerspruch zur Vision einer „heilen" Welt aufs deutlichste. Wo man „die Stücke in der Hand" hält, das „geist'ge Band" jedoch ganz offensichtlich fehlt, hat sich selbst die Vision verflüchtigt. Gerade dies aber wird in der hier ins Blickfeld gerückten Chaotisierung öffentlicher Räume augenfällig. In besonderem Maße augenfällig wird es dort, wo die von Kriegseinwirkungen und zivilisatorischer Verdrängungsdynamik verschont gebliebenen architektonischen Reste einstiger Ganzheitskonzepte von (sekundär-)architektonischen Irrläufern der Gegenwart in ihren Stein gewordenen Träumen von einer heilen Welt gestört werden.

Münsteraner Wasserturm „Auf der Geist" von 1902 (aus Gunter Drebusch, Industrie Architektur, München 1976, S. 102).

Solche Störungen können mehr oder minder taktvoll geschehen. Noch im letzten Jahrhundert und zu Beginn dieses Jahrhunderts hat man sich vergleichsweise intensiv bemüht, (sekundär-)architektonische Einschübe mit dem gebotenen Respekt gegenüber dem Lebensrecht des Überkommenen zu gestalten. Man denke etwa an architektonisch wohl eingebundene Wassertürme, Elektrizitätstürmchen und dergleichen mehr, die im Verein mit historistischen Fabrikbauten wenigstens noch Ansätze zu einer echten Integrationsbemühung erkennen ließen. Selbst in der nationalsozialistischen Ära sind im Banne der Blut- und Boden-Doktrin zum Teil noch annehmbare Integrationslösungen gefunden worden. Wie das 19. Jahrhundert (das seit der Romantik sehnsüchtig auf heile Welten der Vergangenheit zurückblickte) und die Jahrhundertwende (die im Gesamtkunstwerk des Jugendstils zerronnene Ganzheits-

Dorfgemeinschaftshaus (aus: Kunst im 3. Reich, Frankfurt 1976, S. 99).

räume wiederzugewinnen suchte) hatte auch sie noch — freilich reichlich verzerrte und verschrobene — Einheitsvisionen. Unserer Zeit bleibt es vorbehalten, ihren seelenlosen Funktionalismus ohne nennenswerte Rücksicht auf geschichtlich Gewachsenes auch architektonisch zu prostituieren.

Wenn eingangs gesagt wurde, daß die im öffentlichen Raum vorfindbare Vielfalt unangepaßter Formen Ausfluß einer Vielfalt ungeordneter Kompetenzen und die Vielfalt ungeordneter Kompetenzen Ausdruck einer Vielfalt ungeordneter Gedanken sei, so läßt sich dies unschwer aus den — hier nur angedeuteten — Linien der philosophischen Entwicklung ableiten. Dieser philosophischen Entwicklung entsprechen aber zugleich auch soziale und politische Entwicklungen, die ihrerseits zunächst stabilisierend und nun allmählich auch revolutionierend auf sie zurückwirkten bzw. zurückwirken.

Daß die seit der Renaissance unaufhörlich fortschreitende Auflösung eines einheitlich theozentrischen Weltbildes und die seit dem 17./18. Jahrhundert ebenfalls unablässig fortschreitende Entwicklung der technisch-wissenschaftlichen Zivilisation zu einer durchgängigen Fragmentierung der Gesellschaft geführt haben, ist unübersehbar. Die prophetischen Visionen Alexis de Tocquevilles, der schon im ersten Drittel des 19. Jahrhunderts die unübersehbare Masse isolierter Sozialatome heraufkommen sah, die sich im rastlosen Tanze um ihre „kleine(n) und gewöhnliche(n) Vergnügungen"[21] drehen und alle wesentlichen Entscheidungen der Fürsorglichkeit eines allgegenwärtigen staatlichen Wohltäters überlassen, ist zumindest in den fortgeschrittenen Industriegesellschaften auf eine bedrängende Weise soziale Wirklichkeit geworden. Daß die Sorge um die ästhetische Geschlossenheit oder auch nur Stimmigkeit der Gestaltung öffentlicher Räume kaum mehr zu den primären Bedürfnissen dieser — an Friedrich Nietzsches Porträt des „letzten Menschen" erinnernden [22] — Sozialatome zählen kann, liegt auf der Hand. Ihr gestalterisches Eros ist schlechtestenfalls zum Interesse an der Anordnung von nostalgischen Wagenrädern und japanischen Kriechkoniferen im Vorgarten verkommen und verkümmert bestenfalls bei der privaten Anhäufung und Durchmischung mehr oder minder stimmig aufeinander bezogener Kunstgegenstände. Ganzheitsbewußte, einfühlsame und entschlossene Bereitschaft, Mitverantwortung für die harmonische Gestaltung öffentlicher Räume zu übernehmen, ist allenfalls bei einer hauchdünnen, sich in soziopolitischen und soziokulturellen Gruppen und Gremien oder auch als Einzelkämpfer engagierenden Gesinnungselite anzutreffen. Daß es ihr bislang nicht gelungen ist, dem unsere öffentlichen Räume weithin zersetzenden Chaos auf breiter Front Einhalt zu gebieten, spiegelt die zivilisatorische Situation.

Man mag einwenden, daß es stets nur elitäre Minderheiten gewesen sind, die sich um die Gestaltung öffentlicher Räume gekümmert haben. Dieser Einwand ist sicher auch bis zu einem gewissen Grade berechtigt. Was er verkennt, ist jedoch die Tatsache, daß die technischen Möglichkeiten der fortgeschrittenen Industriegesellschaft so vielfältig sind, daß heute ein sehr viel höheres Maß an gestalterischer Heterogenität (und damit auch ästhetischer Dissonanz) möglich, ja wahrscheinlich geworden ist, als dies jemals zuvor in der uns bekannten Kulturgeschichte der Menschheit der Fall war — daß, mit anderen Worten, die Gestaltung der öffentlichen Räume noch nie so viel Wachsamkeit und Disziplin erfordert hat wie heute. Überdies verkennt der Einwand aber auch, daß in vormodernen Gesellschaften zwar auch nie eine Identität, aber eben doch in aller Regel eine sehr viel stärkere wechselseitige Durchdringung von staatstragenden und kulturprägenden Eliten bestand, als dies heute der Fall ist. Die politisch Mächtigen hatten in aller Regel einen besseren Kontakt zu den kulturell Hochstehenden und diese wiederum einen besseren „Zugang zum Machthaber" (um mit dem Staatsrechtler Carl Schmitt zu sprechen)[23]. Hinzu kommt, daß die einheitliche Gestaltung öffentlicher Räume auch im Herrschaftsinteresse der Regierenden lag, weil sie den Gedanken der von einer geistig-politischen Mitte sonnenhaft ausstrahlenden Herrschafts- und Fürsorge-Idee sinnfällig werden ließ. Die sich mancherorts radial ausbreitenden barocken Schloßanlagen bieten für solche Bezüge einen besonders eindrucksvollen Beleg.

Unter den Vorzeichen der sozial nivellierten und demokratisch verfaßten Industriegesellschaft freilich hat sich die Szene grundlegend verändert. An die Stelle eines jahrhundertelang vergleichsweise einheitlichen Weltbildes ist eine Vielheit von Weltanschauungen getreten, an die Stelle eines zentralen kirchlichen und staatlichen Wertungsmonopols ein grundrechtlich abgesicherter Pluralismus der Werte. Zumindest auf den ersten Blick scheint weder aus dem Nebeneinander einer Vielheit von Weltanschauungen noch aus dem Pluralismus der Werte eine innere Notwendigkeit zur Selbstdarstellung in architektonischen Schöpfungen von harmonischer Geschlossenheit zu erwachsen. Auch die demokratisch gewählten Repräsentanten bedürfen wohl kaum dieses ästhetischen Instrumentariums zur Absicherung ihrer Machtposition. Daß überdies die Affinität der politischen Eliten zur Wertwelt der Kultureliten heute zumeist sehr viel geringer ist, als dies in der Vergangenheit der Fall war, ist nicht zuletzt eine Folge der für sie geltenden Aufstiegs- und Erfolgsbedingungen. Ästhetische Sensibilität zählt im demokratischen Kulturmilieu nicht unbedingt zu den Qualitäten, die einem künftigen Amts- oder Mandatsträger optimale politische Startbedingungen sichern.

All diese in enger Wechselbeziehung stehenden Faktoren haben das Ihre zu dem landauf, landab wahrnehmbaren Zerrbild der öffentlichen Räume beigetragen. Daß von ihm immer häufiger die Rede ist, daß dieses Zerrbild heute nicht mehr ohne weiteres hingenommen wird, daß eine geistige Gegenreaktion eingesetzt hat, ist unverkennbar. Diese Gegenreaktion steht in einem thematischen Zusammenhang zu den sich seit dem Ende der 60er und dem Beginn der 70er Jahre ausbildenden kulturrevolutionären Tendenzen, die einem gut Teil der unser heutiges Leben beherrschenden Kräften den Kampf angesagt haben. Im Zentrum dieser — politisch vor allem von der Bürgerinitiativ-, Ökologie-, Alternativ- und Friedensbewegung getragenen — Tendenzen steht eine Rückbesinnung auf die schicksalhafte Einbindung des Menschen in kosmische Gesetzlichkeiten, die sich auch soziokulturell ausgliedern[24].

Um die Möglichkeit zu Standfestigkeit und Widerstand zu gewinnen, bedarf es aber noch nicht einmal solcher philosophischer Rückgriffe. Als normativer Ausgangspunkt für die Überwindung einer als kultureller Mißstand empfundenen empirischen Situation genügt schon der Rückgriff auf die Wertwelt der Demokratie, zu der sich zumindest die westlichen Industriegesellschaften uneingeschränkt bekennen. Aus dieser Sicht erscheint die Gestalt und Ungestalt der öffentlichen Räume nicht nur als ein Politikum, sondern geradezu als eine Herausforderung für die Demokratie.

Demokratie und Öffentlichkeit

Demokratie und Öffentlichkeit gehören zusammen. Sie bedingen und fördern sich wechselseitig. Wann und wo immer sich das demokratische Prinzip zu einer Grundform der Verfassungsordnung entwickeln konnte, war sie von Öffentlichkeit durchsetzt und umstellt. Für das perikleische Athen galt dies ebenso wie für das republikanische Rom, für die germanischen Stämme in der Epoche der Völkerwanderung nicht minder als für die eidgenössischen (Ur-)Kantone. Ab dem 17.—18. Jahrhundert wurde der Ruf nach Öffentlichkeit zu einer der Hauptforderungen des revolutionären Bürgertums. Um die Erhaltung und Erweiterung von Öffentlichkeit wird auch in den etablierten Demokratien noch heute gerungen — im Hinblick auf die Regelung und Durchführung von Planungs- und Genehmigungsverfahren etwa oder auch im Hinblick auf die Überwachung des Finanzgebarens der politischen Parteien.

Aus soziologischer Sicht bedeutet Öffentlichkeit einen „sozialen Aggregatzustand" (Hans Paul Bahrdt)[25], für den der ungehinderte zwischenmenschliche Verkehr von grundlegender Bedeutung ist. Um genau diesen freien zwischenmenschlichen Verkehr geht es der Rechts- und der Politikwissenschaft, wenn sie sich der Öffentlichkeit als normativem Prinzip zuwenden.

Zwischenmenschlicher Verkehr findet in geistigen, natürlichen und architektonischen (Frei-)Räumen statt. Die Ausgestaltung dieser (Frei-)Räume ist dabei keineswegs ohne Einfluß auf die Art und Weise der in ihr stattfindenden Kommunikationsprozesse.

Für die Ausgestaltung der geistigen Räume gilt dies allemal. Überkommene oder neuaufgekommene Denkmuster, gesellschaftliche Tabus oder rechtliche Schranken vermögen die geistig-seelische Interaktion zwar nicht genau vorzuformen, ihr aber doch vielfach vorhersehbare Richtungsimpulse zu geben.

Ähnliches gilt auch für die Beschaffenheit der natürlichen Räume. Sozialphilosophie und Politische Philosophie haben sich seit alters her mit der Korrelation von geographischer Lage und soziopolitischer

Ordnung befaßt. Man denke in diesem Zusammenhang etwa an Autoren wie Aristoteles, Bodin und Montesquieu[26], die u. a. darauf hingewiesen haben, daß sich im Flachland Autokratien und im Bergland Demokratien leichter zu bilden und zu halten vermögen.

Für die architektonischen Räume schließlich gilt nichts anderes: ihre Gestaltung hat für Profil und Prägung, für die Schöpfungs- und Strahlkraft der öffentlichen Sphäre entscheidende Bedeutung. Da Planen und Bauen zugleich ein Ausgrenzen und Fixieren von Räumen bedeutet, wird in einer mehr und mehr zur Baustelle gewordenen Welt auch der öffentliche Raum — der Raum also, in dem sich „Öffentlichkeit" ereignen soll[27] — in immer stärkerem Maße baulich ausgegrenzt und fixiert[28].

Angesichts der Tatsache, daß immer mehr Menschen in urbanen Verdichtungsgebieten wohnen — bis zur Jahrtausendwende sollen es nach Hochrechnungen etwa 90 Prozent der Weltbevölkerung sein[29] —, wird sich diese bauliche Ausgrenzung und Fixierung der öffentlichen Räume auch in immer stärkerem Maße als „materieller Prägestock" (Alexander Mitscherlich)[30] für das (zwischen-)menschliche Leben erweisen. Architektonische Schöpfungen jeglicher Art geben nämlich mehr oder minder offenkundige oder latente Informationen weiter und beeinflussen damit schon durch ihre bloße Existenz menschliche Verhaltensweisen. So wird etwa ein gotischer Kirchenbau in aller Regel andere Verhaltensmuster hervorrufen als ein modernes Gemeindezentrum, wird ein gründerzeitlich-pompöses Entrée anders einstimmen als ein enger bäuerlicher Flur. Der architektonische Lebensraum birgt eben nicht nur die Funktionsdynamik einer Versorgungsmaschinerie, ist vielmehr auch seelischer Ruhe- und Bezugspunkt oder „Psychotop", um mit Richard Neutra und Alexander Mitscherlich[31] zu sprechen.

Um die architektonische Umwelt als seelischen Ruhe- und Bezugspunkt erleben zu können und damit die nach den Erkenntnissen sowohl der Gestalt- als auch der Tiefenpsychologie für eine ungestörte Bewußtseins- und Charakterbildung unerläßliche Selbstidentität auf dem Wege einer möglichst weitgehenden Identifizierung mit der Umwelt herstellen zu können, ist eine gewisse Übereinstimmung des Menschen mit den Grundzügen dieser Umwelt unverzichtbar. Inwieweit eine solche Übereinstimmung hergestellt werden kann, ist nicht zuletzt davon abhängig, inwieweit der nach dem Biologen Portmann allem Lebendigen innewohnende Drang nach immer stärkerer morphologischer Differenzierung der Lebensäußerungen in der architektonischen Umwelt des Menschen eine Entsprechung findet[32].

Daß eine klar strukturierte architektonische Umwelt zu affektiver Anteilnahme an dieser Lebenswelt, zur Intensivierung des Lebensgefühls und erhöhter sozialer Kontaktbereitschaft, eine schlecht strukturierte architektonische Umwelt jedoch zu innerer Abkehr von ihr und damit Unsicherheit, Kontaktarmut und unfruchtbaren Introversionen jeglicher Art führt, wurde durch die von einem gestaltpsychologischen Ansatz her unternommene Untersuchung von Kevin Lynch[33] über das Bild der Stadt auf eindrucksvolle Weise empirisch belegt. Die als Reaktion auf derartige Umweltfaktoren vielfach diagnostizierbare übermäßige Resignations- oder Aggressionsbereitschaft ist Ausdruck einer Störung der individuellen Bewußtseins- und Charakterbildung und somit ein neurotischer Befund. Daß die „Verelendung durch Architektur" (um mit John Turner zu sprechen)[34] überdies auch zu neurovegetativen Beeinträchtigungen der psychischen Integrität führen kann, ist angesichts der von der Psychosomatik in wachsendem Maße erkannten Interdependenz psychischer und physischer Vorgänge unabweisbar.

Daß es unter diversen normativen Aspekten zur Pflicht des Staates zählt, seine Bürger vor derartigen Frustrationsfolgen zu schützen, sollte selbstverständlich sein. Sowohl rechts- als auch sozialstaatliche Bezüge lassen sich hierfür nennen[35]. Diese Pflicht des Staates zum Schutz seiner Bürger ist jedoch nichts Demokratiespezifisches. Auch Monarchien und Aristokratien pflegten und pflegen sich unter diesem oder jenem normativen Aspekt (und sei es auch „nur" unter Berufung auf eine Verantwortung vor Gott) für das Wohl und Wehe ihrer Untertanen verantwortlich zu erklären.

Demokratiespezifisch sind mithin weniger die individualpsychologischen als vielmehr die sozialpsychologischen Folgen ästhetischer Umweltschäden. Wo öffentliche Räume so gestaltet wurden, daß sie emotionale Umweltbeziehungen zu schaffen in der Lage sind, sind sie auch als Forum der Begegnung und des geistig-seelischen Austausches geeignet[36].

Dieser Austausch aber, das Sich-Verständigen und Sich-Auseinandersetzen, ist der unentbehrliche Nährboden für Demokratie. Ohne diesen Austausch ist das Dabei-, Darinnen- und Dazwischensein, das Interesse und die Anteilnahme am Gemeinwesen undenkbar. Nicht von ungefähr sprachen die Römer von der res publica, von der öffentlichen Sache also. Demokratie und Öffentlichkeit gehören nun einmal zusammen. Alle klassischen Demokratie-Modelle gehen denn auch von dem sich in der Öffentlichkeit ereignenden Austausch der auf das eigene und das gemeine Wohl gerichteten Gedanken, Neigungen und Interessen aus. Am deutlichsten zum Ausdruck kommt dies in Jean-Jacques Rousseaus „Contrat Social", der für den öffentlichen Rahmen, innerhalb dessen die *volonté générale* im Für und Wider der Meinungen zu ihrer idealen Größe findet, sehr sorgfältig abgesteckt hat[37]. Und auch ein gut Teil der rechtlich-politischen Anstrengungen, die seit der Französischen Revolution auf die Entwicklung freiheitlich-demokratischer Verfassungen verwandt wurde, war der Gewährleistung des öffentlichen Rahmens der demokratischen Bewußtseins- und Willensbildungsprozesse gewidmet.

Als ebenso schwierig wie die Gewährleistung des rechtlich-politischen Rahmens, innerhalb dessen solche Prozesse ablaufen, erweist sich die Gewährleistung des architektonischen Rahmens, dessen sie in mannigfacher Hinsicht nicht minder bedürfen. Unter den Vorzeichen einer wachsenden Monopolisierung der öffentlichen Kommunikation durch Massenmedien bedarf es als Prophylaxe und Korrektiv zum potentiellen und aktuellen Mißbrauch dieser Medien in gesteigertem Maße der persönlichen Kommunikation.

Gerade sie aber hat ständig abgenommen. Im Schlagwort vom „Verfall der kommunalen Öffentlichkeit" (Hans Paul Bahrdt)[38] findet dieses Phänomen seinen Ausdruck. Ursache des Verfalls der kommunalen Öffentlichkeit ist — neben der Konkurrenz vor allem der elektronischen Medien — nicht zuletzt auch die sinkende Chance des Bürgers, gefühlsmäßige Bindungen an eine auch architektonisch zunehmend verunstaltete kommunale Umwelt zu gewinnen. Persönliche Kommunikation (und damit Öffentlichkeit in dem hier vorausgesetzten, umfassenden Sinne) kann eben nur dort stattfinden, wo die Beschaffenheit der den Kommunikationsrahmen setzenden Raumsituation dies erlaubt.

Mit anderen Worten: Die Raumsituation muß in Einklang mit unseren kulturspezifisch erlernten Orientierungsmustern kommunikations- bzw. öffentlichkeitsfreundlich sein. So gibt es etwa „Plätze, die hierfür zu groß oder zu laut sind oder deren Randbebauung zur Größe des Platzes in einer solchen Proportion steht, daß der Platz nicht als räumliche und soziale Einheit erscheint. Es gibt auch Plätze, die so geschlossen wirken, daß sie nicht als Plätze, sondern als Höfe erlebt werden"[39] und damit den Charakter des Öffentlichen verlieren.

Die Gestaltung öffentlicher Räume ist eine Herausforderung für die Demokratie. Und das Eindringen der eingangs beschworenen kleinen Ungeheuer in die öffentlichen Räume ist daher auch alles andere als eine demokratische Nebensächlichkeit. Gerade die Dreistigkeit und Rücksichtslosigkeit jedoch, mit der sich die Funktionskälte einer seelenlosen Ver- und Entsorgungsmaschinerie in den öffentlichen Räumen etabliert, zeigt deutlicher als viele andere Phänomene, wie sehr die fortgeschrittene und noch immer weiter fortschreitende Industriekultur ihre geistige Mitte verloren hat. Verlust der Mitte bedeutet in diesem Zusammenhang insbesondere Verlust der Chance, aus einem konzentrationsfördernden, räumlichen bzw. architektonischen Ensemble heraus zu einer geistig-seelischen Mitte zu gelangen, aus der allein die normative Kraft zur Auslotung der Grenzen legitimer Selbstentfaltung erwachsen kann. Zu jener Mitte also auch, die die Demokratie aus dem öffentlichen Diskurs zu gewinnen hofft.

Selbst Nomadenstämme pflegten ihren Rastplatz durch Aufstellung eines „Heiligen Pfahles" zu markieren[40] und ihre inneren Kräfte in der Konzentration auf diese Mitte zu erneuern und zu bewahren. Ähnliches geschah in allen seßhaften Kulturen in unterschiedlicher Ausprägung, und zwar unabhängig von deren sozialer und politischer Verfassung. Keine überlebenswillige Gesellschaft kann sich auf Dauer den Triumph ihrer zentrifugalen Kräfte leisten; am allerwenigsten jedoch die Demokratie.

Die einer demokratisch verfaßten Gesellschaft stets zugrundeliegende pluralistische Dynamik bietet echte Optimationschancen, aber auch nicht minder reale Deprivationsrisiken. Die Chancen können nur genutzt, die Risiken nur gebannt werden, wenn die Verselbständigungstendenz der pluralistischen Kräfte in eine der Konzentration auf das Ganze förderliche Richtkraft umgeschmolzen wird. Die dieser Konzentration auf das Ganze günstigen Gestaltungsfaktoren wird man jedoch heute vielfach vermissen. Straßen und Plätze geraten eher in den Sog gieriger Tiefgaragen- und Kaufhausschlünde als in den Bann zentripetaler Kräfte. Das Sichbewegen durch öffentliche Räume wird häufig genug zum Spießrutenlauf. Von Peitschenlampen gepeitscht, von Trafokästen bedrängt, von Spiegelglasflächen abgewiesen und von Betonfassaden erdrückt, sucht der noch Atmende das (natürlich auch nur als Erinnerung wirklich existierende) Weite. An der Jämmerlichkeit waschbetonbewehrter Zwergkoniferen oder sonstiger Residualgewächse wird er jedenfalls seine Seele schwerlich aufzurichten vermögen. Und auch nicht allein an den mehr oder minder sorgfältig restaurierten architektonischen Juwelen, die hier und dort von weniger zentrifugalen Zeiten künden. Ins unfreiwillige Exil versetzt, vermag ihr verzweifelter Narzißmus zumindest beim ganzheitsbewußten „Spaziergang" (Robert Walser)[41] eher Verzweiflung zu erregen als Trost zu spenden.

Gestaltungsschwerpunkte jedenfalls, die wir als kulturelle Entsprechung zu den Heiligen Pfählen der Nomaden empfinden (und die folglich auch deren soziale Funktion übernehmen) könnten, pflegen heute immer seltener gesetzt zu werden. Wo sie noch vorhanden sind — man denke etwa an die Mariensäulen —, stammen sie aus Zeiten, in denen das Wort vom Verlust der Mitte noch nicht hätte geprägt werden können. An ihre Stelle sind zumeist Gestaltschwerpunkte eines geringeren Verdichtungsgrades getreten, wie Brunnen, Denkmäler, Ensembles, die diesem oder jenem mehr oder minder zufälligen Bezugsthema lokalen, regionalen, nationalen oder internationalen Zuschnittes oder auch dem bloßen *L'art-pour-l'art* gewidmet sind, manchmal gelungen oder einladend bis kommunikativ. „Drei (oder auch zwei) Prozent Kunst" sozusagen, wie es die Investitions- und Vergaberichtlinien für öffentliche Bauten fordern.

Da wir nicht mehr im Mittelalter leben und unser Weltbild sich bei näherem Zusehen als so individualisiert und fragmentiert erweist, wie es bei Spätkulturen üblich ist, braucht man darüber nicht zu lamentieren. Legitimerweise zu postulieren bleibt jedoch, daß sich die Demokratie auch der räumlichen Rah-

Raum zur Begegnung — Landshuter Altstadt. Foto: Sylvia Hamberger

menbedingungen ihrer Entfaltungslogik bewußt bleibt bzw. wieder bewußt wird. Zu diesen Rahmenbedingungen zählt nun einmal ein *minimum standard* von innerer Ruhe und Geschlossenheit, aus der Kraft zur Öffnung, zur Begegnung und zur gemeinsamen Besinnung auf den jeweils rechten Weg erwachsen kann. Zu ihnen zählt die Schaffung von Raumqualitäten, in denen die ästhetische Dimension von Mitte und Maß so deutlich zum Ausdruck kommt, daß aus ihnen auch deren (schon in der Nikomachischen Ethik von Aristoteles als quinta essentia des Tugendhaften und des Gerechten vorgezeichnete)[42] soziopolitische Dimension zu entstehen vermag. Öffentliche Räume aber, in denen bloße Funktionen wie Handel, Versorgung und Verkehr die dominierenden, dabei aber entweder gar nicht oder doch unzureichend eingebundenen Akzente setzen, erfüllen diese Voraussetzungen ganz sicher nicht. Dies gilt auch für Räume, deren Gestaltung entweder kein klar ablesbares Profil oder aber dissonante Muster und Elemente aufweisen.

Was nun? Was tun?

Zum Abschluß dieser Besinnung auf die vielschichtige Bedeutung der vom deutschen Baurecht als „un-bedeutend"[43] qualifizierten Sekundärarchitektur für die ästhetische und damit letztlich auch politische Qualität unserer öffentlichen Räume bleibt der Blick in die Zukunft, bleibt die Frage: Was nun? Was tun?

Im Grunde könnte alles sehr einfach sein, wenn erst das Bewußtsein für die hier aufgezeigten Zusammenhänge über elitäre Zirkel hinaus geschärft würde, wenn es zum kulturellen Gemeingut werden würde. Viel gewonnen wäre aber auch schon, wenn die Architekten und die mit der Planung und Genehmigung öffentlicher Raumgestaltungen befaßten Verwaltungsbehörden sich der soziokulturellen und der soziopolitischen Implikationen dieser Problematik voll bewußt würden. Gelänge es ihnen, sowohl die Scylla eines sich rücksichtslos profilierenden Individualismus als auch die Charybdis einer im Ergebnis nicht minder rücksichtslosen Indifferenz gegenüber der technomorphen Verfremdung unserer städtischen Räume zu umgehen, so würde die Hoffnung auf ganzheitsbewußtere Entwicklungen wieder genährt.

Die Rechtslage jedenfalls würde einer solchen Entwicklung keine ernsthaften Hindernisse entgegensetzen. Aus nicht genehmigungspflichtigen „unbedeutenden" lassen sich bei einem entsprechenden Bewußtseinswandel mit einem Federstrich genehmigungspflichtige „bedeutende" Anlagen machen. Als Sofortmaßnahme könnten die Verunstaltungsverbote herangezogen werden. Zu den in § 1 des deutschen Baugesetzbuches verankerten Grundsätzen zählt nämlich die Rücksichtnahme auf „erhaltenswerte Ortsteile, Straßen und Plätze von geschichtlicher, künstlerischer oder städtebaulicher Bedeutung" (Abs. 5 Ziff. 5) und darüber hinaus auch ganz allgemein die Rücksichtnahme auf die Gestaltung des Orts- und Landschaftsbildes (Abs. 5 Ziff. 4).

Zwar zählt auch die Rücksichtnahme auf die Belange des Verkehrs, der Energie-, Wärme- und Wasserversorgung etc. (Abs. 5 Ziff. 8) zu diesen Grundsätzen. Bei Einsatz von Integrationsbereitschaft und Phantasie lassen sich diese Belange jedoch auch mit soziokulturell und soziopolitisch höherrangigen Gestaltungsideen in Einklang bringen.

Ohne den Einsatz von Integrationsbereitschaft und Phantasie allerdings würden umgekehrt auch alle nur denkbaren normativen und institutionellen Vorkehrungen ohne Wirkung bleiben. Nicht nur von beliebigen Verwaltungsbehörden, sondern auch von hochspezialisierten Gremien droht Gefahr. Es waren nicht zuletzt Bauausschüsse, Stadtgestaltungskommissionen und öffentliche Institutionen, die landauf, landab architektonische Marksteine chaotisierender Vermessenheit gesetzt haben.

Die Gründe hierfür sind einsichtig. Zum ersten nämlich braucht architektonischer (oder sonstiger einschlägiger) Sachverstand allein noch nicht das Gespür für die gestalterische Dialektik von Ganzheit und Gliedhaftigkeit und damit für das dem jeweils in Frage stehenden Teil An- und Zustehende einzuschließen. Die „anständige Baugesinnung", von der in § 1 der deutschen Reichsgestaltungsverordnung aus dem Jahre 1936 die Rede ist[44], mag einem gänzlich fachfremden Laien in sehr viel höherem Maße zukommen als dem vermeintlich „Sachverständigen". Was der eine erahnt, weil er die Urbilder in seiner Seele trägt und den Rhythmus ihrer Gliederung in seinem Blute, wird der andere in noch so viel Studien-, Lehr- und Berufsjahren nicht erkennen. Zur

Mittelalterliche Dachlandschaft: Siena. Foto: *Wolfgang Zängl*

Sache gehört nun einmal auch das „Über-der-Sache-Stehen". Die Sorge um den ganzheitlichen Atem der Stadtgestalt ist daher auch in hochentwickelten Kulturen stets und überall eine wahrhaft königliche Aufgabe gewesen. Nicht selten waren es denn auch Könige und Fürsten, zumindest aber Patrizier, die sich dieser Aufgabe mit besonderer Sorgfalt annahmen. Des Bayernkönigs Ludwig I. Leidenschaft für jedes Detail seiner großangelegten Umgestaltung und Erweiterung des Münchner Stadtbildes mag hier als Beispiel dienen[45]. Die Wahrnehmung des ganzheitlichen Atems der Stadtgestalt scheint heute eher sozial- und kulturbewußten Bürgern als Königen bzw. ihren demokratischen Surrogaten vorbehalten zu sein, wie nicht zuletzt die Geschichte der Bürgerinitiativ-, Ökologie- und Alternativbewegung zeigt[46]. Ihre Beteiligungsrechte an kommunalen Planungsprozessen zu stärken muß daher auch ein Anliegen aller um die Verbesserung der ästhetischen und sozialen Qualität der öffentlichen Räume Bemühten sein. In Wirklichkeit aber droht nun zu Beginn der 90er Jahre im Zuge der deutschen Vereinigung und im Zeichen der wirtschaftlichen Rezession sogar noch die Beschneidung der Anfang der 60er Jahre eingeräumten bürgerschaftlichen Mitwirkungsrechte — ein zum Abbau angeblicher „Investitionsstaus" inszenierter politischer Skandal, der den geistigen Zustand unserer degenerierenden Zivilisation widerspiegelt.

Nicht zuletzt diese, der politischen Kultur unseres Gemeinwesens ein deprimierendes Zeugnis ausstellende, Entwicklung verweist auf den zweiten Grund für die Bedingtheit aller normativen und institutionellen Vorkehrungen: auf ihre Abhängigkeit vom Bewußtsein der sie Vollziehenden bzw. mit Leben Erfüllenden von den Bindungen des Zeitgeistes. Widersteht dieser den erforderlichen Innovationen oder wirkt er gar reaktionär, so werden sie auch nicht stattfinden. Fördert er sie, so werden sie sich über kurz oder lang zwangsläufig einstellen.

Der dritte Grund schließlich läßt sich aus den mannigfachen Vernetzungen unseres technisch-ökonomischen Systems erschließen, die mit einzelnen Willensakten kaum aufzubrechen sind. Auf kompetente Weise über die Rücksichtslosigkeit zu sprechen, mit der etwa technomorphe Versorgungseinrichtungen die (potentiellen) Ganzheitsmuster unserer öffentlichen Räume sprengen, heißt über die Art unserer Arbeits- und Lebensbedingungen zu sprechen. Mit bloßer bauästhetischer Kosmetik ist die Problematik der Gestaltung unserer öffentlichen Räume jedenfalls nicht mehr befriedigend zu lösen. Immerhin bedeutet selbst sie einen wichtigen Schritt zur Wandlung unseres kollektiven Bewußtseins und reiht sich damit in die lange Folge von Schritten, die zu einer allmählichen Wiedereingliederung unseres Handels und Wandels in kosmische Rhythmen führen und so ein menschenwürdiges (Über-)Leben zu fördern vermögen.

Es ist jedenfalls an der Zeit, daß sich unsere Gesellschaft entscheidet, ob sie weiterhin (um mit Sallust zu sprechen) „ventri pronus"[47], also „dem Bauche zugeneigt" dahinvegetieren oder sich — aufsteigenden geistigen Ordnungen zugewandt — wieder aufrichten will. Eine Demokratie aber, die diese Herausforderung nicht anzunehmen vermag, würde die Skepsis verdienen, die ihr als Staatsform von so manchem Großen unserer Geistesgeschichte entgegengebracht wurde. Die Gestaltung öffentlicher Räume ist insoweit nur *ein* Prüfstein am Weg unserer Gesellschaft zu der sich immer deutlicher abzeichnenden Schwelle einer ganzheitsorientierten Bewußtseinswende.

Der Bürger und sein Dorf

Wenn vom Bürger und „seinem" Dorf die Rede ist, ist von Identifikation die Rede. Der Begriff der Identifikation wird heute zumeist im Sinne einer Bejahung gebraucht. Sich mit etwas oder mit jemandem zu identifizieren — in eins zu setzen also — heißt aus dieser Perspektive, eine positive Daseinserweiterung — zumindest aber Seinsgewißheit — zu erfahren. Vergessen werden sollte dabei jedoch nicht, daß die Ineinssetzung mit dem Zustand bzw. der Entwicklung einer bestimmten Lebens(um)welt auch Verlust und Verarmung, Verunsicherung und (im ursprünglichen Sinne des Wortes) Kränkung bedeuten mag. So gesehen ist es die ganz andere Perspektive derer, denen es angesichts der in den letzten Jahrzehnten erfahrenen Entwicklung der dörflichen Lebenswelt immer schwerer fällt, diese Identifikation zu vollziehen, oder die fürchten, daß ihnen die (vielleicht im Augenblick noch mögliche) Ineinssetzung mit dieser Lebenswelt bei einer Fortsetzung allerorts erfahrbarer zivilisatorischer Tendenzen allmählich entgleiten wird. Sozialer Hintergrund ihrer Zielprojektion ist die Tatsache, daß es anderen die Lebenswelt unserer Dörfer Mitprägenden keine Schwierigkeiten zu bereiten schien und scheint, sich mit Fehlentwicklungen der Dorfgestalt und des dörflichen Lebens zu identifizieren oder sie doch zumindest klaglos hinzunehmen.

Monotonie und Chaos

Daß die zuletzt angesprochene, negative Identifikation mit der Gestaltung öffentlicher Räume im Dorf in den vergangenen Jahrzehnten zur sichtbaren Dauermisere geworden ist, lehrt schon ein flüchtiger und erst recht ein gründlicher Blick in die Alltagswelt unserer Dörfer von heute. Wer den sicheren Blick dafür nicht hat, kann ihn schärfen durch das Studium von Ausstellungen und Publikationen wie „Grün kaputt", „Alptraum Auto", „Sein oder Nichtsein" oder auch von Filmen wie „Unser Dorf soll häßlicher werden"[48]. Sicher vermute ich richtig, daß dem Leser all die Unsäglichkeiten, die sich in den letzten Jahrzehnten in unsere Dörfer eingeschlichen haben, nur allzu gut bekannt sind. Die Grundtendenz dieser negativen Entwicklung unserer Dörfer auf den Begriff zu bringen mag jedoch von Nutzen sein.

Hans Sedlmayrs Formel vom „Verlust der Mitte" trifft leider auch die architektonische, kulturelle und soziale Lebenswelt der Dörfer. Zwar gibt es zumeist noch immer die Kirche, die Schule oder auch den Maibaum. Ob sie allerdings noch architektonischer, kultureller und sozialer Mittelpunkt des Dorfes sind, ist mehr als zweifelhaft. Nur allzu häufig blieb die Kirche nur noch scheinbar im Dorf. Der eigentliche Schwerpunkt des dörflichen Lebens hat sich nicht selten auf das an den Dorfrand mehr oder minder unorganisch angehängte Gewerbegebiet, den Supermarkt, die Ein- und Ausfallstraße — und vor allem auf den allabendlich umlagerten Fernsehapparat verlagert. Auch die architektonische Geschlossenheit des Ortsbildes ist häufig zur vielgestaltigen Beliebigkeit keiner Identifikation mehr möglichen Diffusion geworden, in der sich Monotonie und Chaos wechselseitig verzahnen.

Eine Analogie zu medizinischen Befunden drängt sich auf. In der Pathologie wird Krebs als „autonomes", d. h. selbstgesteuertes Wachstum definiert und durch die Kennworte Infiltration, Destruktion und Metastasierung charakterisiert. All dies war und ist auch bei der Entwicklung unserer Dörfer in den letzten Jahrzehnten zu beobachten gewesen: Beliebige Formen sind zu beliebigen Zeiten an beliebigen Orten aufgetaucht. Die wachsende Dominanz von

Einfall? Ausfall? Zerfall? — Begegnung im Ötztal.
Foto: Ossi Baumeister

Straßen, Kaufhauskatalogen und Fernsehapparaten indiziert die Herkunft der diese Entwicklung bestimmenden Kräfte, die ganz offensichtlich nicht mehr aus einer ordnenden und bergenden Mitte erwachsen, sondern von außen hereinströmen, die hi-

Ein Weg in die freie Natur — das Tessiner Bergdorf Soglio.
Foto: Paul Werner

storisch gewachsenen Strukturen infiltrieren und überdecken, um dann in ihrer morphologischen und mentalen Krebsigkeit auszuufern. Daß die aus dem Dorf hinausführenden Straßen genauso überdimensioniert sind wie die in das Dorf „einfallenden" (wie treffsicher ist doch zuweilen die Sprache!), wird nicht nur Pragmatikern einleuchten. Wo die (zuweilen sogar vom Abriß bedrohte) Kirche nicht mehr im Dorf geblieben ist, besteht auch kein Grund zum Bleiben. Die Ineinssetzung mit dem Dorf und seinen öffentlichen Räumen wird dann für einige zur Identifikation mit der Idee grenzenloser Mobilität, für andere zum nicht mehr erfüllbaren und in der Nichterfüllung schmerzlich erlebten Wunschtraum.

Landliebe und Rustikalkosmetik

Wenn von der Identifikation des „Bürgers" mit der Gestaltung öffentlicher Räume im Dorf die Rede ist, so ist dies — zumindest historisch gesehen — keine Selbstverständlichkeit. In ihrer historischen Grundsubstanz geprägt wurde die Lebenswelt unserer Dörfer ja nicht vom „Bürger", d. h. also von dem ursprünglich im Bannkreis der Burgen und später der Städte Angesiedelten, sondern vielmehr von Kirche, Lokal- bzw. Regionaladel und grundbesitzenden (Groß-)Bauern. Aus ihrem Wohlstand, ihrer Arbeit und ihrem Selbstverständnis bzw. Selbstbewußtsein erwuchs die traditionelle Lebenswelt unserer Dörfer, erwuchsen Gebäude und Räume, Sitten und Gebräuche.

In nachhaltige Bewegung geriet dieses soziale und ästhetische Gefüge mit dem Beginn der Industrialisierung im 19. Jahrhundert. Nun galt immer nachdrücklicher, was Rilke im „Stundenbuch" umschreibt mit: „Die Städte aber wollen nur das ihre und ziehen alles mit in ihren Lauf[49]."

In ihren Lauf zogen die Städte schon im 19. Jahrhundert und erst recht in der ersten Hälfte des 20. Jahrhunderts das ländliche Proletariat, die Nachgeborenen, die Knechte, Mägde, Tagelöhner — all jene, die nur Mitläufer, nicht aber prägende Kräfte der alten Dorfkultur waren, mit der sie sich aber gleichwohl mehr oder minder willig oder unwillig zu identifizieren hatten. Da dieses abgewanderte ländliche Proletariat dem Heimatdorf aber doch noch durch mannigfache verwandtschaftliche und teilweise wirtschaftliche Wurzeln (dem einen oder anderen blieb hier ein Äckerchen oder dort ein Häuschen) verbunden blieb, entfaltete dieses ländliche Proletariat im Rückfluß schon bald eine — zunächst nur in milden Ansätzen und später dann immer nachdrücklicher in Erscheinung tretende — Sprengkraft. Bis zum Zweiten Weltkrieg hielt sich diese Entwicklung aber immerhin noch in hinnehmbaren Grenzen. Das Wirtschaftswunder der Nachkriegsjahrzehnte hingegen, das nicht nur den Wohlstand und Arbeitsfleiß der Rückwanderer, sondern auch den der aus dem Osten einfließenden Flüchtlingsströme in die Dörfer schwemmte, sprengte ihre soziokulturelle Integrationskapazität.

Die spätestens seit Anfang der 70er Jahre unter dem Druck sich drastisch verschlechternder Umweltbedingungen die Dörfer überschwemmende Stadtflucht tat schließlich noch ein übriges, die soziokulturelle Identifikationskraft der Dörfer zu zersetzen. Der großbäuerliche und bis zu einem gewissen Grade auch der kleinbäuerliche Dorfbewohner vergangener Zeiten war durchaus noch in der Lage, sich mit seiner dörflichen Lebenswelt, ihren Bauten, Räumen und Gebräuchen zu identifizieren. Der insbesondere im Einzugsgebiet von großen und mittleren Städten im dörflichen Bereich weiterhin wohnende „Bürger" vermag dies durchaus nicht mehr mit derselben Selbstverständlichkeit anzunehmen — und dies auch dann nicht, wenn ihn gerade die Charakteristika des Dorfes angezogen haben. So stellte das Allensbacher Institut für Demoskopie in einer Reihe von Repräsentativerhebungen seit 1953 eine steigende Präferenz für das Leben auf dem Lande fest: 1993 wollte schon ca. ein Drittel der Gesamtbevölkerung auf dem Lande leben, während es nur vierzehn Prozent in die Großstadt zog[50].

Die Identifikation des zugezogenen oder aus einer soziokulturellen Amalgamierung einheimischer und zugezogener Dorfbewohner hervorgegangenen Bürgers mit der Lebenswelt des Dorfes (einschließlich der Gestaltung und Belebung seiner öffentlichen Räume) ist deshalb so schwierig, weil die geschichtliche Identifikationsbasis fehlt und die Gewinnung einer neuen Basis den noch nicht vorhandenen Konsens über Leitwerte der Gestaltung voraussetzt. Die Hilflosigkeit angesichts dieser Situation äußert sich vielfach in der Ersetzung des Ländlich-Schlichten durch das „Rustikale", den Rekurs auf Versatz-

Der Brunnenknurz (aus: Dieter Wieland/Peter M. Bode/Rüdiger Disko, Grün Kaputt, München 1986, S. 78).

stücke einer nicht mehr verstandenen Tradition. Wer kennt ihn nicht, den artig-verquälten (und zu allem Überfluß und -druß auch noch gelb gefirnißten) Brunnenknurz, der so manche unschuldige Ecke schändet? Wer könnte sie übersehen, die in Form und Farbe haarscharf danebengegangene Lüfterlmalerei? Wer hat ihn verpaßt, den hilflos-anachronistischen Bauernschwank im alufensterbewehrten Jugendheim?

Landauf, landab anzutreffende Phänomene wie diese sind zwar unerfreulich, implizieren aber immerhin noch einen (wenn auch mißlungenen) Versuch, eine Identitätsbasis zu sehen oder in Ansätzen wiederzufinden.

Total rustikal — Obergurgl im Ötztal. Foto: *Sylvia Hamberger*

Wo der Pfarrer aus dem steilgieblignen Pfarrhaus in einen Bungalow umzieht, der alte Dorfweiher zugeschüttet, der Platz um den Maibaum asphaltiert und zum Parkplatz degradiert wird, da ist allerdings die Kapitulation vor den zentrifugalen, identitätssprengenden Kräften des Zeitgeistes vollendet, sind auch die Stätten der Begegnung bis zur Funktionslosigkeit verstümmelt. Was bleibt, sind Restbestände an alten Integrationsgruppen — die Kirchengemeinden etwa und die ländlichen Vereine. Daß diese Integrationsmedien je nach Entfernung von der nächsten Stadt bzw. den nächsten Städten eine unterschiedlich große Rolle spielen, liegt auf der Hand. Im Hinterland mag bei einer Fahnenweihe oder dergleichen das Gefühl der dörflichen Zusammengehörigkeit durchaus noch einmal aufleben, und im Bier- und Tabaksdunst (allzu) bunter „Heimatabende" mag es sich dann vielleicht sogar in die dritte Dimension einer dann schon wieder neu-echten Bauerntheatralik erheben. Im Sog der Ballungsgebiete, wo den verbliebenen Landwirten der Umgang mit Immobilienmaklern und Bauträgern fast vertraut geworden ist und eine Vielzahl der Einwohner das Dorf nur morgens, abends und am Wochenende sieht, ist derartiges aber auch dann nicht mehr zu erwarten, wenn die nostalgischen Gefühle Zugezogener rustikalkosmetische Exerzitien zelebrieren.

Überall ist die soziale und mentale Umstrukturierung der Dörfer soweit fortgeschritten, daß aus der Dorfgemeinschaft eine mehr oder minder heterogene Dorfgesellschaft geworden ist, die Identifikation mit dem Dorf als Ganzheit daher auch kaum mehr hergestellt werden kann. Die überall anzutreffende gestalterische Vernachlässigung der potentiellen Stätten des Gemeinschaftslebens — der öffentlichen Räume also — ist zwangsläufige Begleiterscheinung dieser Entwicklung. Ihr negativer Rückkoppelungseffekt — der Teufelskreis also von Folgelast und Folgefolgelast — ist unverkennbar.

Ordnung und Gelassenheit

Daß dort, wo Not ist, häufig auch das Rettende wächst, wissen wir nicht erst seit Hölderlin, der diesen Satz niederschrieb[51]. So ist denn auch heute zu beobachten, daß die drohenden Verluste nicht mehr ohne Gegenwehr hingenommen werden. Im Hinblick auf die Gestaltung der städtischen und dörflichen Lebensräume gilt insoweit nichts anderes als für viele andere Lebensbereiche auch.

In der Geschichte der Bürgerinitiativen haben die Bemühungen, die sich einer Humanisierung und Vitalisierung der öffentlichen Räume angenommen haben, seit Anfang der 70er Jahre einen sowohl quantitativ als auch qualitativ hervorragenden Stellenwert gewonnen[52]. Daß auch hier wieder zwischen dem Hinterland und jenen Gebieten unterschieden werden muß, die entweder aufgrund ihrer besonderen landschaftlichen Schönheit und/oder wegen ihrer günstigen Verkehrsanbindung von Stadtflüchtigen durchsetzt sind, liegt auf der Hand. Gerade die alte Identitäten aufgebenden oder doch lockernden Stadtflüchtigen haben auf ihrer mehr oder minder verzweifelten Suche nach identitätsgewährenden Fluchtburgen dem „Aufruhr der Mitte" nicht unerhebliche Impulse zugeführt. Vielfach waren gerade sie es, die den Heimatpflegern und Denkmalschützern bei ihrer Bemühung um die Erhaltung überkommenen Kulturgutes gegen den oft erbitterten, aus Identifizierungen ganz anderer Art erwachsenden Widerstand der einheimischen Bevölkerung Schützenhilfe geleistet haben. Sie waren es auch, die offenkundige Fehlsteuerungen der Siedlungsentwicklung bekämpften, die Wiederbelebung alter oder die Begründung neuer Begegnungsräume forderten und bis hin zum Gemeindekleinkrieg den Kampf um jeden Baum führten.

Wenn ich davon spreche, daß es keineswegs nur, aber eben doch vielfach gerade die Stadtflüchtigen sind und waren, die diesen Aufruhr der Mitte im

Dorf inszenierten und noch immer inszenieren, so meine ich natürlich nicht diejenigen, die ihre Schlafstätten nur deshalb (und zudem noch im Dorfrand-Planquadrat) auf dem Land errichtet haben, weil der Baugrund dort billiger zu haben war, sondern vielmehr diejenigen (von der soziologischen Terminologie etwas lieblos als „sozialaktiv" Eingestuften), die nicht nur Grundstückspreise, sondern vielmehr — wenn auch abgeschwächt — Ganzheitsträume in sich tragen, die Geborgenheit im überschaubaren Raum erstreben und die krebsige Nekrotik vieler Stadtlandschaften zu vergessen suchen. Daß sie mit solchen Bemühungen nicht nur für sich selbst arbeiten, wenn sie auf diese Weise wieder eine Heimat gewinnen oder eine ihnen nur noch dem Namen nach verbliebene Heimat aufzuwerten suchen, zeigen zahllose Beispiele aus der Geschichte der Ökologiebewegung. Zunächst angefeindete Bürgerinitiativen, die sich um bestmögliche Erhaltung und Gestaltung alter Kirchen, Gebäude, Straßen und Plätze bemühen und dann im Zuge ihrer Bestrebungen durch Straßenfeste und dergleichen auf ihr Anliegen aufmerksam machten, haben landauf, landab nicht nur erheblichen Zulauf erhalten, sondern auch viele derjenigen auf alt-neue Identifizierungspfade geführt, die bislang den Locktönen eines „anderen Trommlers" (wie es in Henry David Thoreaus „Walden" heißt)[53] gefolgt sind — des Trommlers der Expansion und Diffusion um der (fast) jeden Preis fordernden Fortschrittsseligkeit willen.

Unmittelbare eigene Erfahrungen mit der Planung und Gestaltung eines zur Asphaltwüste gewordenen und dann auf des Verfassers und seiner Freunde Anregung hin neu gestalteten und belebten Platzes in seinem Wohnort am Ammersee haben ihm dieses Phänomen sehr nahegebracht. Bei der zum regelrechten Dorffest gewordenen Einweihung des Platzes feierten auch diejenigen in der Pracht überkommener Gewänder tüchtig mit, die der Initiative zunächst mit mehr oder minder großer Reserve gegenübergestanden hatten. Inzwischen ist der nach einer historischen Dorfgröße benannte, von einheimischen Künstlern und Architekten gestaltete und vom Plätschern eines Brunnens erfrischte Platz zu einem beliebten Treffpunkt geworden, auf dem nicht nur Flohmärkte, „Brunnenfeste" und dergleichen abgehalten werden, sondern auch sonst so manches an zwischenmenschlicher Kommunikation stattfindet und gefördert wird. Die aus der Kulturgeschichte wohlbekannte Phasenverschiebung in der Entwicklung von Stadt und Land ist auch hier wieder einmal in Form eines dialektischen Bewußtseinssprungs deutlich geworden.

Das zuletzt genannte Beispiel führt in den Kernbereich der Thematik: zu der Frage nämlich, unter welchen Rahmenbedingungen eine — in dem hier vorausgesetzten positiven Sinne verstandene — Identifikation des (inzwischen zum Bürger gewordenen) Dorfbewohners mit den ihn umgebenden öffentlichen Räumen überhaupt denkbar ist.

Denkbar und wahrscheinlich ist sie wohl überall dort, wo auf der Suche nach Seinsgewißheit befindliche, nicht lediglich (um mit David Riesman zu sprechen) „außengelenkte"[54] Bürger — und nur um solche geht es hier — das Gefühl haben können, dem Quell des Lebens nahe zu sein. Daß dieser Quell des Lebens nicht dort fließt, wo lediglich mehr oder minder blinde, letztlich chaotische Betriebsamkeit herrscht, ist unübersehbar. Dem Quell des Lebens nahe kann sich der Bürger aber stets dort fühlen, wo Lebenssinn gestiftet oder gepflegt wird — auf dem Kirchplatz vor oder nach einem Gottesdienst, auf dem Kirchhof im Gedenken an die vielleicht nur leiblich aus der Dorfgemeinschaft Ausgeschiedenen und um den Maibaum bei der Frühjahrsfeier des wiedererwachten Lebens, an dem einst real und heute wenigstens noch symbolisch Leben spendenden „Brunnen (nicht nur) vor dem Tore", im gelassenen Atem des Dorfweihers, in der Geborgenheit der das Rathaus umstehenden Linden, im Aufblick zu Schloß und Kirchturm, im Angesicht der die Maß-

Das Berchtesgadener Mausbichl-Lehen mit Hofkapelle.
Foto: Jolanda Englbrecht

stäblichkeit der Natur wie das Menschenmaß gleichermaßen spiegelnden, aller vorgefertigten Leblosigkeit fernen Gestandenheit und Ausgewogenheit mancher Hausgestalten.

Diese Impressionen mögen romantisch verfremdet klingen. Gemeint ist jedoch alles andere als ästhetisierende Nostalgie. Gemeint ist das im Menschen archetypisch angelegte Bedürfnis nach Konzentration, Meditation und Orientierung — nach Gelassenheit, Ordnung, Mitte und Maß. In Raumperspektiven der skizzierten Art spiegelt sich dieses Bedürfnis. Wie leicht es ist, die Voraussetzungen seiner Befriedigung zu zerstören, wurde uns in der dörflichen Entwicklung der letzten Jahrzehnte deutlich genug vor Augen geführt. Ebenso deutlich wurde uns auch bewußt, wie schwierig es ist, all dies in neuem Gewande zu rekonstruieren. Den Ortsplanern ist ohne jeden Zweifel viel guter Wille und Sachverstand zu attestieren. Auf das, was bei ihren Bemühungen herauskam, trifft aber leider nur allzu oft das gnadenlose Wort Gottfried Benns zu: „Das Gegenteil von Kunst ist gut gemeint[55]." Das von einem notorisch bissigen Architekturkritiker auf die Gestaltung des Platzes um die Münchner Frauenkirche gemünzte böse Wort vom „Granit mit Wasserspülung"[56] trifft mutatis mutandis (mehr noch als in der Stadt auf dem Lande) auf zahllose Hervorbringungen ortsplanerischen Eifers zu. Bemühte Ambitioniertheit triumphiert, während das Lebensgerecht-Selbstverständliche schwindet.

Gerade die Gestaltung öffentlicher Räume zeigt, wie bedeutsam das gleichzeitige Vorhandensein aller oder doch vieler Leben signalisierender Gestaltungselemente ist. Wie häufig sind mit mehr oder minder großem Aufwand inszenierte städtische und dörfliche Raumkonstruktionen (wie zum Beispiel die Einrichtung von Fußgängerzonen) nur deshalb gescheitert, weil die gewählten Proportionen oder die verwandten Materialien nicht stimmten, weil der Ort vielleicht traditionellen Gewohnheiten zuwiderlief oder unter geomantischen Aspekten falsch gewählt war, was natürlich niemand bedachte. Der betreffende öffentliche Raum aber (ohne daß man so recht wußte warum) verkam zu einem unbelebten Zivilisationsgelände, statt zu einem die Identitätsfindung erleichternden Mittelpunkt des öffentlichen Lebens zu werden.

Über die Möglichkeit der Identifikation des Bürgers mit den öffentlichen Räumen des Dorfes zu sprechen und dabei imaginäre Identifikationsbrücken zu schlagen ist so schwierig, weil die den Bürger von der Ineinssetzung mit seinem Dorf trennenden Gräben vom Zeitgeist gegraben werden. Auch die Brücken, an die der Verfasser als Jurist und Politikwissenschaftler eigentlich zuerst denken müßte — die Brücken einer intensiven Beteiligung des Bürgers an örtlichen Planungen nämlich —, sind als solche viel zu schmal[57]. Damit soll nicht gesagt werden, daß nicht auch in diesem Bereich noch vieles im argen liegt, daß zwar durch Mehrheitsentscheidung legitimierte, jedoch durch ihre soziale Herkunft und geistige Prägung einseitig überprofilierte und insoweit auch bornierte Bürgermeister und Gemeinderäte im Zeichen vorwiegend auf ökonomisches Wachstum ausgerichteter Entwicklungsvorstellungen viel zur Verödung unserer Dörfer beigetragen haben und sich dabei auch nur sehr ungern dreinreden ließen. Durch eine weniger selbstherrliche, auch die von den (nicht zuletzt durch örtliche Handel- und Gewerbetreibende geprägten) Gemeinderäten weniger repräsentierten Interessen stärker einbeziehende Gemeindepolitik hätte sicher manche unheilvolle Entscheidung verhindert oder abgeschwächt werden können. Auch und gerade auf den Dörfern wurde Bürgerbeteiligung eher kleingeschrieben. Soweit sie gesetzlich vorgeschrieben ist, im Rahmen der Bauleitplanung etwa oder in Form der Bürgerversammlungen, wurde (und wird zum Teil noch immer) dafür gesorgt, daß nichts aus dem Ruder läuft. Der jede einzelne Löwenzahnwurzel ausstechende Vorgartenzwerg wirkt nur allzu häufig in den politischen Raum hinein.

Solche Defizite und ihre nachteiligen Folgen auch im Hinblick auf die Gestaltung dörflicher Räume zu betonen heißt jedoch noch lange nicht, sie in ihren Auswirkungen zu überschätzen. Der Zeitgeist wirkt innerhalb wie außerhalb politischer Beratungs- und Entscheidungsgremien. Auch ausgedehnte Bürgerbeteiligung bietet noch keine Garantie für optimale Entscheidungen, wenngleich sie immerhin die Chance in sich birgt, anstehende Entwicklungen und Entscheidungen unter möglichst vielen Aspekten zu beleuchten. Auch der Be- und Erleuchtung sind jedoch unter den soziokulturellen und sozioökonomischen Voraussetzungen der fortgeschrittenen Industriegesellschaft gewisse Grenzen gesetzt. Wollte man es überspitzt formulieren, so könnte man es mit dem (von Lampedusas „Leoparden" aufgenommenen)[58] Leitwort Rabindranath Tagores auf den Punkt bringen: „Alles muß sich ändern, wenn es bleiben soll, wie es ist[59]."

Um die Fehlentwicklungen bei der Gestaltung öffentlicher Räume nachhaltig zu unterbinden, müßte sich wohl die gesamte Grundrichtung unserer Gesellschaft verändern, für die Werner Müller die wenig schmeichelhafte Bezeichnung „hirngesteuertes Irrenhaus" geprägt hat[60], in der aber jedenfalls allzu viele mit vollen Händen leer ausgehen, in der das auf eine kosmische Mitte hin ausgerichtete Feuer der Seinsgewißheit nicht mehr zu brennen scheint — jenes heilige Feuer, das einst die Heiligtümer, aber auch den (heute vielfach durchaus nicht mehr gehüteten) heimischen Herd zu wärmen pflegte.

Und dennoch: Resignation kann und darf auch im Hinblick auf die mögliche Ineinssetzung des Bürgers mit den ihn umgebenden öffentlichen Räumen nicht das letzte Wort sein. Vielmehr gilt es, das genannte Ziel im Auge, mutig auszuschreiten. Jeder auf dieses Ziel hin ausgerichtete und insoweit „richtige" Schritt wird dann zum nächsten richtigen Schritt ermutigen. Mit jedem Baum, der an der passenden Stelle gepflanzt wird, mit jeder Baulücke, die rücksichtsvoll geschlossen wird, mit jedem freundlichen Winkel, der entweder bewahrt oder als Stätte der Begegnung neu erschlossen wird, ist auch ein Schritt zur Identifikation des Bürgers mit der nun wieder zu „seinem" Dorf werdenden Lebenswelt vollzogen. Und da nichts, was geschieht, ohne hinreichende

Folgen bleibt, werden dann vielleicht eines schönen Tages aus den kleinen Schritten große Schritte werden, die aus der wiedergewonnenen Mitte einer heimischen Lebenswelt ins Große und Ganze regionaler, nationaler und vielleicht sogar globaler Neuordnungen führen.

Die Architektur auf der Suche nach Mitte und Maß

Daß wir in einer Zeit des beschleunigten sozialen Wertwandels, ja geradezu eines allgemeinen kulturellen Umbruchs leben, ist nicht zu übersehen. Das Wort vom neuen Zeitalter kursiert. Wahrscheinlich ist es nicht zu hoch gegriffen. Zwar ist im Augenblick noch keine grundstürzende und grundlegende Veränderung aller sozialen Grundwerte und Verhaltensweisen zu konstatieren. Am starken Veränderungswillen kulturoppositioneller Eliten und im — teils bewußten, teils halbbewußten — Unbehagen wachsender Bevölkerungskreise kündigt sie sich jedoch gleichwohl an: Unzufriedenheit, Verweigerung, Protest auf der einen Seite, Suche nach neuen Wegen auf der anderen Seite kennzeichnen die heutige kulturelle Gesamtsituation. Für den soziokulturellen Umkreis der Architektur gilt insoweit nichts anderes als für die übrigen gesellschaftlichen Ausdrucksformen.

Hier soll nun noch von beidem die Rede sein: vom sozialen Wertwandel und den in ihm zum Ausdruck kommenden kulturrevolutionären Tendenzen im allgemeinen und vom Stand(oder Treib)ort der Architektur im sozialen Strom einer Umwertung der Werte im besonderen.

Verlust und Aufruhr der Mitte

Das schon mehrfach erwähnte, auf die Situation der modernen Kunst gemünzte Wort Hans Sedlmayrs vom „Verlust der Mitte"[61] spiegelt den seit Jahrhunderten in Gang befindlichen Prozeß der soziokulturellen Entbergung des Menschen in der Neuzeit. Das als Antwort hierauf lancierte Wort vom „Aufruhr der Mitte" (Meyer/Petersen/Sörensen)[62] steht für den überall erkennbar werdenden Willen zum Widerstand gegen die zentrifugalen Kräfte der modernen Zivilisation. Daß die Dialektik von Verlust und Aufruhr weit in die abendländische Geschichte zurückreicht, ist unverkennbar. Ebenso unverkennbar ist allerdings auch, daß sie heute in eine besonders markante und intensive Phase eingetreten ist.

Seit den Hochzeiten der griechischen Klassik hatte keine andere Epoche der abendländischen Geistesgeschichte die Konzentration auf die menschliche Mitte und das menschliche Maß in nachdrücklicherer Weise in den Brennpunkt ihres geistigen Lebens gerückt als die Renaissance[63]. Gerade diese Epoche war es aber zugleich auch, die mit ihren — gegen die theozentrische Welt des Mittelalters gerichteten — mehrdimensionalen Emanzipationspostulaten Aufbruchsignale für mancherlei zentrifugale Tendenzen gab. Hier nahm das neuzeitliche

Fortschrittsdenken seinen Anfang. Während jedoch der beinahe regelmäßig vollzogene Rückgriff auf die aristotelische Ethik[64] diesem Fortschrittsdenken im geistigen Umkreis der Renaissance noch ein ausgleichendes und bergendes Korrektiv bieten konnte, wuchs ihm im Zeichen der folgenden naturwissenschaftlichen und technologischen Entdeckungen und Entwicklungen eine Dynamik zu, deren Sprengkraft die überkommenen Medien der Bindung und Begrenzung in immer geringerem Maße gewachsen waren. Im 18. Jahrhundert erreichte diese aufklärerische Dynamik einen ersten Höhepunkt, und ihm folgte prompt auch der erste Protest als „Aufruhr der Mitte".

Idealismus und Romantik: Die mißlungene Revolte

Dieser erste Aufruhr der Mitte ist in markanter Weise mit der — in den beiden „Discours", im „Contrat Social", im „Emile" und der „Nouvelle Héloise" enthaltenen — Sozial- und Erziehungstheorie Jean Jacques Rousseaus (1712—1778) verbunden. Seine geflügelte Mahnung „Zurück zur Natur" stand im Zeichen eines romantisch-emotionalen Aufbegehrens wider die aufklärerisch-rationale Quadrierung der Welt. In der aus diesem mentalen Wurzelgrund erwachsenen Romantik artikulierten sich derartige Impulse in mehreren Dimensionen. Was politisch unter den Auspizien nachrevolutionärer Reaktion und Restauration stand, äußerte sich architektonisch als Historismus und Naturalismus.

Die Baukunst ließ sich durch die Formensprache vergangener Jahrhunderte inspirieren, und die Gartenkunst verwandelte den quadrierten und manikürten französischen Garten nun endgültig in einen naturnahen englischen Park.

Hinter diesen Bemühungen stand die tiefverwurzelte Sehnsucht nach Halt und Geborgenheit auf kulturellen Inseln im Strom der unaufhörlich fortschreitenden zivilisatorischen Entwicklung; die Sehnsucht zugleich auch nach Reintegration in überkommene Gewißheiten, die im grellen Licht der Aufklärung brüchig geworden waren. In der dichterischen Gestalt des ruhelos fahrenden, aber letztlich doch nichts anderes als die Spitzwegsche Kakteenblüte suchenden Taugenichts Josef von Eichendorffs ist die Ambivalenz dieser Zeitströmung sinnfällig geworden. Die Philosophie des deutschen Idealismus hat ihren Traum in der starken Betonung des Organismus-Gedankens[65] auf eine gültige Formel gebracht.

Zu einer echten Kulturrevolution hat sich das romantisch-idealistische Aufbegehren allerdings nie entwickeln können, allenfalls zu einer mißlungenen Revolte. Ihre Impulse blieben zu sehr Ausdruck einer mental und sozial elitären Gefühls- und Bewußtseinsbewegung, als daß sie auf Dauer hätten Breitenwirkung entfalten können. Und selbst dort, wo diese Impulse am längsten fortwirkten — im Bereich der noch bis über die Schwelle des 20. Jahrhunderts hinweg historisch geprägten Architektur —, gerannen sie mehr und mehr zur funktionsvergessenen, hohlen Form, die die sozioökonomischen und sozioökologischen Herausforderungen der sich mit Windeseile entwickelnden Industriegesellschaft eher zu verdrängen als zu bewältigen vermochte. In Gestalt der um menschenwürdige Lebens- und Arbeitsbedingungen ringenden Massenbewegungen ging die soziale Phalanx des 19. Jahrhunderts schließlich über die soziokulturellen Impulse der Romantik hinweg.

Die Jugendbewegung

Was die sozialen Massenbewegungen ins Leben rief, am Leben erhielt und groß werden ließ — die industrielle Revolution und ihre mannigfachen ökonomischen, sozialen und kulturellen Konsequenzen —, sollte gegen Ende des Jahrhunderts dann auch den zweiten „Aufruhr der Mitte" motivieren: die sogenannte Jugendbewegung[66]. In der Jugendbewegung kristallisierte sich das individuelle und kollektive Unbehagen an der jüngsten und ergiebigsten Frucht am Baum des naturwissenschaftlich-technologischen Fortschrittsdenkens aufklärerischer Provenienz und Prägung: das Unbehagen an der immer deutlichere Konturen annehmenden Industrie- und Konsumkultur. Die von Nietzsche als biblische Hure Babylon gesehene Stadt[67] wurde dabei zum Inbegriff der moralischen, sozialen und kulturellen Entbergung, stand für Erstarrung, Verkünstelung und Zersetzung, war Leitmotiv für individualistische Orientierungs- und Maßlosigkeit. Im dritten Teil von Rilkes Stundenbuch, dem 1903 entstandenen „Buch von der Armut und vom Tode", hat dieses Unbehagen an der Stadtkultur einen dichten Ausdruck gefunden: „Die Städte aber wollen nur das Ihre / und reißen alles mit in ihren Lauf. / Wie hohles Holz zerbrechen sie die Tiere / und brauchen viel Völker brennend auf. / Und ihre Menschen dienen in Kulturen / und fallen tief aus Gleichgewicht und Maß / und nennen Fortschritt ihre Schneckenspuren / und fahren rascher, wo sie langsam fuhren, / und fühlen sich und funkeln wie die Huren / und lärmen lauter mit Metall und Glas[68]."

Der Widerstand gegen die so gesehene Stadtkultur wirkte in viele Lebensbereiche hinein: in den Bereich der individuellen Lebensführung, der Ernährung, der Medizin, der Landwirtschaft, der Natur- und Landschaftspflege, der Literatur und der Bildenden Kunst und Architektur. Daß sich die künstlerische und architektonische Formensprache des Jugendstils in besonderem Maße dem Organisch-Pflanzenhaften zuwenden sollte, war alles andere als ein Zufall. Die Rückkehr zum Organismusmotiv war vielmehr sinnfälliger Ausdruck des Wiederauflebens der — schon in der romantisch-idealistischen Kulturrevolte erkennbar gewordenen — Sehnsucht nach Ganzheit und Geborgenheit, nach Mitte und Maß.

Daß die versuchte Rückkehr zur „Mutter Erde" auf halbem Wege zum Stillstand kam, daß gerade auch im Bereich der Architektur die Hinwendung zum Organisch-Pflanzenhaften ins nurmehr Ornamentale abglitt, statt sich ins umfassend Ökologische zu weiten, war nicht zuletzt Ausdruck der Tatsache,

Innenansicht eines von Richard Riemerschmied für die Pariser Weltausstellung von 1900 entworfenen Hauses (aus: Richard Riemerschmied „Vom Jugendstil zum Werkbund". Werke und Dokumente [Ausstellungskatalog], München 1982, S. 153).

daß auch die Jugendbewegung noch stark elitäre Züge trug[69]. Zwar hatte sich die gesellschaftliche Basis der Jugendbewegung im Verhältnis zur Romantik erheblich erweitert. Den sozial tief- und weitgreifenden Bewußtseinswandel allerdings, ohne den eine echte Kulturrevolution letztlich undenkbar ist, hat auch sie nicht zu bewirken vermocht. Dieser Bewußtseinswandel blieb auf vergleichsweise enge Kreise begrenzt, deren geistig-seelische Spannkraft aber immerhin ausreichte, das Gedankengut der Jugendbewegung — wenn auch zeitweise eher apokryph — bis weit in die Gegenwart hineinzutragen. Als soziokulturell wahrnehmbares Phänomen blieben ihre Impulse vor allem im geistigen Bann der sogenannten Konservativen Revolution[70] der zwanziger und dreißiger Jahre lebendig, um dann — wie schon im Umkreis des Ersten Weltkrieges — wieder für mehr als zwei Jahrzehnte zu verstummen. Im Bereich der Architektur hatten die Impulse schon den Ersten Weltkrieg nicht überlebt.

Als im Zeichen des europäischen Faschismus ein Irrläufer der romantisch-jugendbewegten Ganzheitssehnsucht in immer stärkerem Maße die politische Szene zu beherrschen begann, zog er alle anderen Formen des zivilisatorischen Unbehagens in seinen Bann. War es vor und während des Zweiten Weltkrieges bittere Notwendigkeit, dem Machtrausch des Faschismus Grenzen zu setzen, so war es nach dem Zweiten Weltkrieg die nicht minder drängende Notwendigkeit, seine katastrophalen Konsequenzen nach Kräften auszugleichen, die die nächste Etappe des Widerstandes gegen den Siegeszug der aufklärerischen Fortschrittsidee verzögern sollte. Zuerst kam nun der Wiederaufbau und danach das große Fressen; erst vergleichsweise spät folgte die Moral.

Daß sich die Moral wieder zu Wort melden würde, kündigte sich bereits in den neohumanistischen Akzenten der vom Frankreich der Nachkriegszeit ausstrahlenden Existentialphilosophie an. Im Bann der „Frankfurter Schule" um Max Horkheimer, Theodor Adorno und Herbert Marcuse sowie in der von ihr inspirierten Studentenbewegung der späten 60er Jahre weiteten sich die (marxistisch umakzentuierten) Anstöße des Existentialismus zur umfassenden Sozialkritik aus. Deren Begegnung und teilweise Verschmelzung mit dem verstreut überkommenen (politisch eher konservativ akzentuierten) Gedankengut der Jugendbewegung bildete die geistige Basis für den — auch heute noch keineswegs abgeschlossenen — dritten großen „Aufruhr der Mitte". Ohne diese geistige Basis wäre die allmähliche Wandlung der Anfang der siebziger Jahre einsetzenden Bürgerinitiativbewegung zur Ökologie- und schließlich auch umfassenden Alternativbewegung kaum denkbar gewesen[71].

Die Bürgerinitiativ-, Ökologie- und Alternativbewegung

In ihren Anfängen war die Bürgerinitiativbewegung eher pragmatisch-detaillistisch orientiert, wenn auch der sozioökologische Akzent unverkennbar war. Spätestens seit Mitte der 70er Jahre wuchs sie sich eindeutig zur Ökologie- und schließlich auch Alternativbewegung aus. Die Rolle des Katalysators spielte dabei die um diese Zeit einsetzende Energiekrise, die zur Problematisierung des gesamten Produktions- und Lebensstils der westlichen Industriegesellschaften führen sollte. Die im Zeichen des Widerstands gegen die nicht-militärische Nutzung der Atomenergie stehende Radikalisierung der Bürgerinitiativ- und Ökologiebewegung mündete schließlich in eine thematische Generalisierung des Protestes. Daß sie zeitweise geradezu bürgerkriegsähnliche Formen annehmen konnte, ist keineswegs nur ein Indiz für die Militanz einiger Protagonisten, sondern vor allem auch ein Indiz für die tiefgreifende mentale und soziale Verwurzelung des ökologischen und zum Teil auch schon alternativen Gedankenguts in den westlichen Industriegesellschaften der ausgehenden siebziger und beginnenden achtziger Jahre unseres Jahrhunderts. In der Bundesrepublik läßt sich diese wachsende soziale Verwurzelung nicht nur an der großen Zahl der Bürgerinitiativen[72] und den Erfolgen der grünen Partei messen[73], die nur die Spitze des Eisberges ausmachen.

Schon in einer 1981 vorgelegten Untersuchung des Bundesministeriums für Jugend, Familie und Gesundheit wurden zwischen 12 und 15 Prozent der Jugendlichen als Kritiker der heute vorherrschenden Wertorientierung und als aktive Träger der Alternativkultur bezeichnet[74]. Obwohl die „partizipatorische Revolution" der siebziger Jahre inzwischen im Sande zu verlaufen droht und dem Rückzug ins Private Platz macht, ist die Bereitschaft von Jugendlichen, sich an alternativen Partizipationsformen zu beteiligen, wesentlich stärker ausgeprägt als in anderen Altersgruppen.

Bedenkt man, daß sie sich vor allem durchgängig in der Generation findet, der „die Zukunft gehört", und bedenkt man des weiteren, daß es sich bei den so Orientierten, unabhängig von ihrem Alter, vorwiegend um sozialaktive Angehörige der kulturtragenden mittleren bis oberen Mittelschicht[75] handelt, so wird man das Wort von der fortschreitenden „Kulturrevolution der Bürgerinitiativen"[76] nicht mehr als allzu hoch gegriffen werten können. Immerhin werden Bürgerinitiativen von einer deutlichen Mehrheit der Bevölkerung als nutzbringend (57 Prozent) oder gar notwendig (70 Prozent) erachtet[77].

Daß dieser kulturrevolutionäre Prozeß — wie jeder andere vor ihm auch — von hochmotivierten Protagonistenzirkeln vorangetrieben und von weniger stark motivierten, aber vergleichsweise sensitiven Sympathisantenkreisen mehr oder weniger bewußt und forsch nachvollzogen wird, um schließlich auch von den im Bisherigen Verharrenden oder es nur widerwillig Verlassenden mit mehr oder minder matten Lippenbekenntnissen bedient zu werden, ist ein allenthalben zu beobachtendes Phänomen. Vor dem Hintergrund eines ebenso allgemeinen wie diffusen Unbehagens am soziokulturellen Status quo (das — um ein beliebiges Beispiel zu nennen — zwei Drittel der demoskopisch befragten Schweizer Bürger an den Segnungen des naturwissenschaftlich-technologischen Fortschritts zweifeln ließ)[78], werden die Konturen der sich vollziehenden Umwertung der Werte allmählich erkennbar. Die neue Alternativkultur setzt eher auf das Sein als auf das Haben, mehr auf Genügsamkeit als auf Wachstum, auf das Kleine und Überschaubare denn auf das unüberschaubar Große und Weite, auf Stabilität statt Mobilität, auf Natur und Natürlichkeit statt Synthetik und Verkünstelung. Sie sucht die Geborgenheit, fürchtet Entfremdung und hofft auf die Rückkehr von der Maßlosigkeit zu Mitte und Maß.

Der sich in diesen Grundwerten und -zielen der Alternativkultur manifestierende neuerliche „Aufruhr der Mitte" will den von der Industrie- und Konsumkultur zermürbten und zerfaserten Menschen helfen, ihre Menschlichkeit zu bewahren und — im Sinne einer Forderung des konfuzianischen Weisheitsbuches Tao-te-King — sein Leben zusammenzuhalten[79]. Sein Anliegen ist mithin ein um den Menschen, seine Lebens- und Überlebensmöglichkeiten und seine Lebens- und Überlebensqualität kreisendes zutiefst humanistisches Anliegen.

Das Haus im Kreislauf von Gesellschaft und Natur

Die Entwicklung von Architektur und Wohnkultur und die soziale Reaktion auf diese Entwicklung fügen sich der soziokulturellen Aufruhrstimmung bruchlos ein. Das „Gewitter der Geraden", von dem in einem ökologischen Gedicht die Rede ist[80], war nicht zuletzt ein architektonisches Gewitter.

Wie im international gepflegten Modernismus der Nachkriegszeit augenfällig wurde, war der Siegeszug des Kubismus nicht aufzuhalten. Ob der sich keineswegs im Kubismus erschöpfende architektonische Modernismus mit seiner immerhin originellen Verschmelzung konstruktivistischer und funktionalistischer Impulse schon im Ansatz als tendenziell lebensfeindliche Mißgeburt zu betrachten ist oder aber angesichts einer unaufhörlich wachsenden sozialen Komplexität und architektonisch kaum mehr darstellbarer Systemzusammenhänge lediglich überfordert war[81], ist eine offene Frage. Die Entwicklung, die er in all seinen Ausgliederungen nahm, war jedenfalls eindeutig nekrotisch bis nekrophil. Weltweit lärmt man (um Rilke zu ergänzen) immer „lauter mit Metall, (Beton) und Glas"[82]. Vor allem in der Stadt, aber auch auf dem Lande. Höher, breiter, weiter, tiefer, aber auch kälter und verwirrender. Von einer immer breiteren Öffentlichkeit wurden und werden nicht nur die sozialen und ökonomischen Auswirkungen dieser Entwicklung mit wachsendem Unbehagen registriert, sondern auch die ästhetischen, biologischen und psychologischen. Den geistigen Hintergrund für die Hausbesetzungen im Frankfurter Westend Anfang der siebziger Jahre und vor allem der Berliner, Nürnberger und anderweitigen Hausbesetzungen der achtziger Jahre bildeten stets beide Dimensionen dieser Problematik.

„Anständige Baugesinnung"?

In der schon erwähnten nazistischen Baugestaltungsverordnung von 1936 taucht der Begriff der „anständigen Baugesinnung" auf[83]. Daß diesem Begriff — auch ohne Rückblick auf die Ambivalenz der nazistischen Baukultur, die sowohl das tatsächlich anständig Angepaßte als auch das rücksichtslos Monumentale kannte — ein Hauch moralisierender Penetranz anhaftet und daß er daher im Ansatz eher problematisch erscheinen muß, ist nicht zu leugnen. Andererseits bezieht er sich aber auch auf eine bedeutsame, für die individuelle und kollektive Reaktion auf die Architektur der letzten Jahrzehnte äußerst aufschlußreiche Qualität: auf die Qualität des „Anständigen" nämlich. Das architektonisch Anständige, das dem jeweiligen Architekten, dem jeweiligen Bauherrn und der jeweiligen Umgebung Anstehende also, das ihm in seinem und der Allgemeinheit wohlverstandenen Interesse Zukommende, geriet immer stärker in den Sog einer kritischen öffentlichen Diskussion. Das Anständige oder Anstehende ist ein Begriff des Maßes und der Zuträglichkeit, der individuellen und kollektiven, der menschlichen Zuträglichkeit.

Als dem Menschen unzuträglich wird in wachsendem Maße das Übergroße und Unübersichtliche, das Einförmige und das (wenn überhaupt irgend etwas) eher den Verstand als das Gefühl Ansprechende, das ihn körperlich und seelisch Bedrängende, empfunden. Das Aufbegehren gegen all dies war und ist ein Aufbegehren im Zeichen eines neuen, sozioökologisch akzentuierten Humanismus. Daß dieses Aufbegehren im Rahmen der Bürgerinitiativ-, Ökologie- und Alternativbewegung so heftig ausfiel, ist eine direkte Antwort auf die weithin erfolgte Enthumanisierung von Planung und Architektur, ist ebenso eine Antwort darauf, daß der Städtebau der Nachkriegszeit bis in die Gegenwart hinein zumeist eher als eine ab und an pompös aufgedröhnte sozialstaatliche Fließbandleistung absolviert, denn als eine hohe, Lebensräume nach menschlichem Maß sichernde und schaffende soziale Kunst verstanden und geübt wurde. Es ist nicht zuletzt auch eine Antwort auf das matte Leben, mit dem die zuständigen Instanzen (Planungsbeauftragte, Gemeinde- bzw. Stadträte, Baureferate und Aufsichtsbehörden) planungsrelevante Normen wie etwa die §§ 1, 30, 34 und 35 Baugesetzbuch erfüllt haben, in denen der Bauleitplanung und Quasi-Bauleitplanung die Berücksichtigung sozialer, kultureller und ökologischer Belange aufgegeben ist. Schließlich ist es auch eine Antwort auf die — teils de facto, teils de jure — unbedeutenden (und zumindest in Deutschland in Zukunft noch bedeutungsloser werdenden[84]) Einfluß- bzw. Reaktionsmöglichkeiten, die das geltende Recht bzw. die vorherrschende Rechtspraxis dem über bauliche Entwicklungen in seiner Nachbarschaft oder seiner Gemeinde Betroffenen zur Verfügung stellt[85].

Wie schon erwähnt, galt ein gut Teil der Protestinitiativen der siebziger Jahre städtebaulichen Fehlentwicklungen. Das eilfertige Bemühen des bundesdeutschen Gesetzgebers, durch Integration von bürgerschaftlichen Beteiligungsverfahren in das Städtebauförderungsgesetz und in das (damalige) Bundesbaugesetz für diese Proteste ein Ventil anzubieten, ist nur in unzureichendem Maße gelungen. Die einschlägigen Bestimmungen sind zum Teil lückenhaft; zum Teil wurden und werden sie aber auch in einer die Beteiligungsmöglichkeiten hemmenden Weise angewandt. Die alte Erkenntnis, daß das Recht so viel wert ist wie das Bewußtsein der Rechtsanwender, bestätigt sich auch hier aufs neue. In besonderem Maße gilt dies für den nachträglichen Rechtsschutz des Bürgers gegen abgeschlossene Planungen und erlassene (Bau)Genehmigungen. Der für den potentiellen Nachbarschutz fundamental bedeutsame Begriff des „subjektiv-öffentlichen Rechts" (des betroffenen Nachbarn bzw. Mitbürgers) wird von den Gerichten noch heute in einer der Lebenswirklichkeit inadäquaten Weise interpretiert[86].

Immerhin ist der immer weiter um sich greifende Prozeß des Unbehagens nicht ohne Konsequenzen geblieben. Seit geraumer Zeit ist auch im Bereich der Architektur und Urbanistik so etwas wie eine allgemeine Neubesinnung zu beobachten[87], die sich freilich fürs erste nur im mehr oder minder vorgegebenen rechtlichen und wirtschaftlichen Rahmen zu entfalten vermag. Diese Neubesinnung erfolgt im Zeichen desselben sozioökologischen Humanismus, in dem auch die Artikulation des Unbehagens stand. Ins öffentliche Gespräch über Architektur und Urbanistik gerieten im Laufe der letzten Jahrzehnte in zunehmendem Maße Lebensgüter wie Gesundheit, Geborgenheit, Wärme, Menschlichkeit und Mitmenschlichkeit. Dieses Gespräch wird durch einige zentrale Stichworte bestimmt, die sich lückenlos in den skizzierten Rahmen der allgemeinen soziokulturellen Umorientierung fügen. Begriffe und Schlagworte wie Traditionalismus, Regionalismus, Dezentralisation und ökologisches Bauen charakterisieren diese Diskussion.

Traditionalismus und Regionalismus

Im Formalen wird das wachsende Bemühen um die Auffindung des jeweils Anstehenden und damit auch Anständigen nicht zuletzt in der Anknüpfung an die jeweilige lokale und regionale Tradition gesucht[88]. Wenn diese Tendenz heute noch so manche Stilblüte treibt und einem immer wieder in den Sinn kommen mag, daß das Gegenteil von Kunst „gut gemeint" sein kann[89], so ist doch jedenfalls das Bemühen um eine stärkere Einbindung des Neuzugestaltenden in einen vorhandenen natürlichen, sozialen, kulturellen und geschichtlichen Zusammenhang ein bedeutsames Indiz für diese Tendenz. Dies ganz unabhängig davon, ob es sich um die Einpassung von Einzelbauwerken in einen naturgegebenen Rahmen, um die Pflege vorhandener Ensembles oder um regionalistisch akzentuierte Trabantensiedlungen handelt, wie man sie heute in ganz Europa finden kann. Man denke etwa an die Ferienorte der sardinischen Costa Smeralda, an das künstliche Dorf Alvor Praia an der portugiesischen Algarve, an das südfranzösische Port Grimaud, an Kampen auf Sylt, an die Schweizer Orte Guarda, Bivio und Moléson Village oder auch an Seldwyla bei Zumikon.

Die Wiederentdeckung des architektonischen Regionalismus (der zumeist und wohl auch zwangsläufig mit einem ausgeprägten traditionalistischen Akzent in Erscheinung tritt) dürfte in erster Linie aus dem Wohlbehagen zu erklären sein, das sich nicht für alle, aber doch für viele Menschen schon aus der formalen Einbindung in traditionelle Zusammenhänge ergibt: Wohlbehagen für diejenigen, die sich an den jeweiligen Ort hingehörig fühlen, und Wohlbehagen auch für diejenigen, die die Hoffnung haben können, zu Hause (wo immer dieses Zuhause auch sein mag) dieselbe Geborgenheit in der regionalen Eigenart zu finden. Hinzu kommt, daß sich in der Bautradition einer Region in aller Regel ein reicher Erfahrungsschatz im Umgang mit den spezifischen klimatischen, geologischen, biologischen, zoologischen und soziologischen Gegebenheiten des jeweiligen Lebensraumes angesammelt hat, der dem auf sie zurückgreifenden Bauherrn ein kostbares Erbgut zuwachsen läßt.

Die tradierte Regionalarchitektur war und ist in aller Regel eine an die Grundbedürfnisse des Menschen und die regionalen Umweltfaktoren angepaßte Architektur. Für den im Zeichen des architektonischen Modernismus weltweit und millionenfach vollzogenen Bruch mit einer tradierten Regionalarchitektur wurde von den Bauherren, den Bewohnern und Umwohnern der zu Beton, Metall und Glas gewordenen Zeugnisse dieses Bruches auf vielfältige Weise bezahlt — keineswegs nur in Geld und Arbeit, sondern vor allem auch mit physischem und psychischem Wohlbefinden.

Daß dies heute in immer stärkerem Maße erkannt und wissenschaftlich bestätigt wird, hilft auch der Denkmalpflege, die lange Jahre auf nahezu verlorenem Posten kämpfte. Im Laufe der letzten Jahrzehnte, die im Zeichen diverser Aufbruchsignale standen (man denke schon an die Europäischen Denkmalschutzjahre 1970 und 1975), ist ihr der Durchbruch vom Objekt- zum Ensembleschutz wenn auch nicht durchweg, so doch hie und da gelungen[90].

Der sozialpsychologische Wert dieses Durchbruchs kann nicht hoch genug eingeschätzt werden: Er weist einen Weg aus der Sackgasse einer ins Museale ausweichenden Alibi-Mentalität und erleichterte damit zugleich auch die allgemeine Renaissance von Traditionalismus und Regionalismus in der Architektur. Genetisch und anthropologisch gesehen ist die sich im geistigen Wirkkreis der Alternativkultur abzeichnende Rückkehr zu einer traditionalistisch-regionalistisch akzentuierten Architektur und

Urbanistik wohlbegründet. Sie steht im Einklang mit dem Entwicklungszwang alles Lebendigen zur morphologischen Differenzierung als einem Grundgesetz des Lebens[91]. Und sie steht auch im Einklang mit dem Bedürfnis alles Lebendigen nach Erhaltung der eigenen Art. Sichbewahren und nicht Sichverlieren heißt insoweit die Devise.

Die hypothetische Feststellung, daß es einem Fallschirmspringer (zumindest auf den ersten Blick) schwerfallen würde, zu erkennen, ob er in einem Vorort von Frankfurt, Paris, Rom, Madrid, Tokio oder Chicago gelandet ist, spiegelt das heute weitverbreitete Unbehagen an der Unterschiedslosigkeit und Unbestimmbarkeit des international gepflegten architektonischen Modernismus. Daß eine tektonische Umwelt zu affektiver Anteilnahme, zur Intensivierung des Lebensgefühls und zu erhöhter sozialer Kontaktbereitschaft führt, eine unklar strukturierte und differenzierte architektonische Umwelt hingegen zu innerer Abkehr von dieser Umwelt, zu Unsicherheit, Kontaktarmut und neurotischen Introversion jeglicher Art, wurde u. a. von Kevin Lynch in seiner schon erwähnten vergleichenden Untersuchung der Städte Boston, New Jersey und Los Angeles bestätigt[92].

Small, slow, near and pure is beautiful

Eine der traditionalistisch-regionalistischen Tendenz vergleichbare Bemühung ist auch in der architektonischen bzw. urbanistischen Konkretisierung von E. F. Schumachers Maxime „Small is beautiful"[93] zu spüren. Sie äußert sich in einer wachsenden Ablehnung babylonischer Wohntürme und sonstiger Massenquartiere und einem entsprechend wachsenden Trend zum Haus oder Häuschen im Grünen. Die Maxime „Small is beautiful" äußert sich im Bereich der Architektur und Urbanistik aber nicht nur in der mehrdimensionalen Forderung nach mehr Autonomie, sondern nicht zuletzt auch in einem wachsenden Überdruß an „einer Welt, die mehr und mehr einer unermeßlichen Baustelle gleicht" (Bernd Guggenberger)[94]. Das „Mischen von Beton"[95] provoziert immer häufiger den scheelen Blick auf die Betonmischmaschine. Der (nicht nur in prononciert alternativ gesinnten Kreisen) zunehmende Überdruß am Neubau — dem sozialen Statussymbol der langen Nachkriegs- und Wirtschaftswunderjahre — sucht ein Ventil in der ebenfalls zunehmenden Freude am Renovieren, Restaurieren, Wiedernutzbar- und Selbermachen.

Da es sich bei den Pfleglingen dieser Trendwende vielfach um alte und für die jeweilige Gegend charakteristische (zuweilen auch unter Denkmalschutz stehende) Gebäude handelt, verstärkt sie die traditionalistisch-regionalistische Tendenz.

Die Bemühung um Reintegration in natürliche, soziale und kulturelle Zusammenhänge äußert sich vor allem auch in der Einsicht, daß die im Zuge der Entwicklung der Industriegesellschaft unaufhörlich gewachsene Entfernung und Entfremdung von Wohn- und Arbeitsbereichen mitsamt ihren zeit- und kraftraubenden, kommunikationshemmenden und umweltschädigenden Auswirkungen im Verkehrsbereich[96] revisionsbedürftig ist. Auch unter diesem Aspekt hat der — heute im Hinblick auf alle zivilisatorischen Lebensäußerungen vernehmbare Ruf nach Dezentralisation Architektur und Urbanistik längst erreicht. Daß er ab und an in die Frage mündet, ob nicht schon der Begriff der Stadt selbst überholt sei (Jürgen Habermas)[97], zeigt, welche Tragweite dieser Ruf gerade in diesen Bereichen erlangen mag.

Als überholt mag der Begriff der Stadt dann erscheinen, wenn man die Sequenz Automatisierung — Arbeitslosigkeit — Notwendigkeit zur Arbeitszeitverkürzung (ohne Lohnausgleich) und Schaffung alternativer Einkommensmöglichkeiten für die arbeitsfreie Zeit ins Blickfeld rückt. Sieht man unter diesem Aspekt das Konzept der Dualwirtschaft als wirklichkeitsnahe Möglichkeit, durch handwerkliche, künstlerische oder gärtnerisch-landwirtschaftliche Eigenproduktion einen Ausgleich für das entgangene Einkommen aus abhängiger Arbeit zu schaffen, so ergibt sich ein zusätzlicher Flächenbedarf, der nur durch eine Entzerrung der Ballungsgebiete befriedigt werden kann.

So wünschenswert eine stärkere Dezentralisation der Lebens- und Arbeitsbereiche zur Verbesserung der äußerst problematischen ökologischen, soziologischen und krisenpolitischen Konsequenzen der die heutigen Industriegesellschaften beherrschenden Zentralisationsdynamik mithin auch wäre[98], so unverkennbar ist doch, daß ihr funktionaler Nutzen durch eine grauenhafte Verschandelung des Landes erkauft werden müßte, wenn sie nicht von traditionalistisch-regionalistisch betonten bauästhetischen Bemühungen begleitet würde. Es geht dabei weniger um die Bewältigung der Gefahr, der der Historismus des 19. Jahrhunderts erlegen ist, als vielmehr um die Gefahr der Verdrängung und Verblendung sich vollziehender Strukturwandlungen, obwohl auch heute wieder (und zwar dort, wo die Postmoderne mißlingt) Form und Funktion gänzlich trennende neohistoristische Tendenzen spürbar werden. Noch größer ist die Gefahr eines zwar soziopolitisch innovativen, jedoch traditionslosen Ökofunktionalismus. Die gestalterisch befriedigende Integration von Solaranlagen in die ländliche — und zum Teil auch in die städtische — Baukultur etwa ist eine Zukunftsaufgabe, deren Gelingen bisher noch nicht als gesichert gelten kann.

Solararchitektur: eine vertretbare Lösung.   *Foto: Ossi Baumeister*

An den Sachverstand und an das Einfühlungsvermögen der Architekten werden mit solchen und ähnlichen Aufgaben hohe Anforderungen gestellt. Angesichts ihrer noch unzureichenden akademischen Sozialisation werden sie sich im Bereich der Bauästhetik wie der Baubiologie nicht zuletzt auch autodidaktisch weiterbilden müssen. Versäumen sie dies, so wird es ihnen vielleicht schon bald ähnlich ergehen wie so manchem Politiker, der im Bereich der Umweltpolitik ein „governmental lag" (Heiner Geißler)[99] bekennen muß. Architekten, die von ihren Bauherren ökologischen Nachhilfeunterricht erteilt bekommen, sind jedenfalls keine Seltenheit mehr. Rechtliche und politische Voraussetzungen für architektonische und urbanistische Ökologisierungs- und Dezentralisationsbemühungen sind zumindest ansatzweise geschaffen, soviel sie auch im einzelnen noch zu wünschen übrig lassen. Man denke etwa an das im Bayerischen Landesentwicklungsprogramm enthaltene Planungskonzept der zentralen Orte und Entwicklungssachen[100]. Das für die geistige Ausfüllung derartiger Konzepte erforderliche sozioökologische Bewußtsein kann freilich von den Planern nicht mitgeliefert werden; es kann und muß sich entwickeln.

Das jeweils Anstehende wird nicht nur in der Bemühung um eine Reintegration der menschlichen Gestaltungs- und Lebensimpulse in soziale und kulturelle, sondern auch in der Bemühung um ihre Wiedereingliederung in natürliche Zusammenhänge gesucht. So etwa in dem — sowohl wirtschafts-, außen- und krisenpolitisch als auch umweltpolitisch motivierten — Bemühen um Einfügung in natürliche Energiekreisläufe[101], um Teilhabe an den erneuerbaren Energieströmen und um eine Verminderung des Zugriffs auf die nicht bzw. nicht kurzfristig erneuerbaren (Kohle, Öl) oder die biologisch und politisch als zu riskant empfundenen (Kernspaltung) Energiequellen. Die alternativen Energien wie Sonne, Erdwärme, Wasser, Wind sind zu sehr im öffentlichen Gespräch, als daß sie hier kommentiert zu werden bräuchten[102].

Was für die wachsende Bemühung um eine (Wieder)Einfügung der menschlichen Gestaltungs- und Lebensimpulse in die natürlichen Energiekreisläufe gilt, ist auch für die Berücksichtigung anderer natürlicher Zusammenhänge, so etwa für die Suche nach lebensfördernden bzw. lebensschädlichen natürlichen Strahlungen von Bedeutung. Was etwa in China im Rahmen der Geomantie (Feng Shui), aber auch im Abendland bis zum Ausgang des Mittelalters eine Selbstverständlichkeit war, die Untersuchung von potentiellen Baugründen nach Kraftlinien und geopathischen Reizzonen nämlich, mußte erst in allerjüngster Zeit auf vergleichsweise breiter Ebene wiederentdeckt werden.

Und wiederentdeckt werden mußte auch der Umgang mit lebensfördernden Baumaterialien wie Holz, Kokos, Stroh, Kork, Kalk, Lehm usw., die vom Industriesystem nicht mehr oder nur in verfälschter Form bereitgestellt wurden und werden[103]. Auch hier beginnen leidvolle Erfahrungen eine Wende einzuleiten. Die wachsende medizinische Evidenz für den negativen Einfluß zahlreicher Bau-

Mauerwerk aus Kalksteinen und Boden aus handgeschlagenen Ziegeln — Mausbichl-Lehen, Berchtesgaden.
   Foto: Sowieja, Bayer. Landesamt für Denkmalpflege

stoffe auf die menschliche Gesundheit hat das Bewußtsein für die Dialektik von Natürlichkeit und Verkünstelung geschärft.

Auch im Bereich des energetisch und biologisch an die Naturkreisläufe angepaßten Bauens und Wohnens warten auf Bauherren und Architekten entscheidend wichtige gestalterische Aufgaben, zum

Beispiel die Aufgabe, die verschiedenen Aspekte des wachsenden sozioökologischen Innovations- bzw. Renovationsbedürfnisses auf einen gemeinsamen Nenner zu bringen. So mag etwa das ökologisch und wirtschaftlich wohlbegründete Interesse an einer architektonischen Verwertung von Abfallprodukten mit den an ein gesundes Haus zu stellenden Anforderungen kollidieren. Das nicht minder wohlbegründete Interesse an einer wirtschaftlich und ökologisch vernünftigen Energieversorgung kann leicht in Konflikt mit ästhetischen Erfordernissen geraten. Aus gepreßtem Stadtmüll oder alten Reifen gefertigte Bauteile könnten im Hinblick auf die implizierte Energie- und Rohstoffersparnis empfehlenswert sein. Unter baubiologischen und damit auch medizinischen Aspekten dürfte eher das Gegenteil der Fall sein. Auch friesisches Strohdach bzw. alpines Flachdach einerseits und Sonnenkollektor bzw. Windrad andererseits sind kaum architektonische Elemente, die sich leicht in Einklang bringen lassen [104].

In diesem Zusammenhang ist vor der auch in Alternativkreisen zuweilen anzutreffenden Eindimensionalität zu warnen, die, um ein amerikanisches Sprichwort zu zitieren, die Äpfel fallen läßt, um die Apfelsinen aufzulesen. So erinnert die vorschnelle Diskriminierung der „Formalästhetik" fatal an jene nicht minder vorschnelle Diskriminierung der „formalen Demokratie", von der in den achtziger und siebziger Jahren so viel die Rede war. Eine derart falsch verstandene Dialektik wiederholt nicht nur die Fehler der Vergangenheit mit umgekehrten Vorzeichen, sondern versperrt auch den Weg zu einem im umfassendsten Sinne humanökologischen Denken, das stets alle Aspekte der kollektiven und individuellen Zuträglichkeit im Auge behält. Architektur ist nicht zuletzt eine soziale Kunst. Wenn sich auch die Bemerkung von George Nelson, daß „das meiste von dem, was in der Architektur passiert . . ., nicht in der Macht der Architekten" steht[105], bei genauerem Hinsehen als weniger paradox erweist, als dies den Anschein haben mag, so darf doch die Rolle der Gestaltenden nicht unterschätzt werden. Es liegt auch an ihnen, ob und, wenn ja, inwieweit Architektur und Urbanistik von jenem — echte Lebensräume eröffnenden — Gleichmaß menschlicher Selbstbestimmung einerseits und sozialer und natürlicher Einbindung in vorgegebene Ganzheiten andererseits bestimmt werden, die in der Entwicklung der vergangenen Jahrzehnte in immer stärkerem Maße abhanden gekommen sind.

Architektur und Politik am Weg zu einer universalistischen Kultur
(Epilog)

Das Bemühen um die Bewahrung überkommener und die Erschließung neuer Lebensräume durch Wiedereingliederung der planerischen und gestalterischen Impulse in soziale, kulturelle und natürliche Ganzheiten sind Ausdruck der Suche des Menschen nach dem ihm Anstehenden und Zustehenden. Sie sind Ausdruck seiner Suche nach Mitte und Maß in der Begegnung mit den Daseinssphären, aus denen und für die er lebt.

Wo in der abendländischen Geistesgeschichte der Begriff des Humanismus auftaucht, wurde er stets als Korrektiv zu (zumindest tendenziell) unmenschlichen Entwicklungen beschworen. Es gab daher im Laufe dieser abendländischen Geistesgeschichte mehrere, unterschiedlich adjektivierte Humanismen. Der ökologische Humanismus unserer Tage ist Ausdruck der anerkannten Notwendigkeit zur Wiedereingliederung des Menschen in den oikos, in den Haushalt der Natur samt seiner soziokulturellen Ausgliederungen. Die Dialektik der geistigen Entwicklung des Abendlandes beginnt damit wieder einen Pendelschwung zu vollziehen — die Abkehr nämlich von dem die letzten 800 Jahre in wachsendem Maße beherrschenden Individualismus zu einem unter dem Anruf neuer

Herausforderungen neukonzipierten Universalismus.

Auch wer keine übermäßige Affinität zu Zyklentheorien hat, wird nicht übersehen können, daß derartige dialektische Pendelschwünge in vergleichbaren Abständen erfolgten. Der Übergang vom skeptizistischen Individualismus der vorsokratischen Sophisten zum philosophischen Universalismus Platons und seiner Schule vollzog sich im vierten vorchristlichen Jahrhundert. Sowohl die soziokulturelle Entwicklung Griechenlands als auch die soziokulturelle Entwicklung Roms mündeten schließlich wieder in individualistische Verdichtungen. Ab dem vierten nachchristlichen Jahrhundert feierte die platonische Tradition im christlichen Universalismus fröhliche Urstand'. Ab dem dreizehnten Jahrhundert läutete die Renaissance eine neue individualistische Entwicklung ein, deren Umkehrung seit der Romantik in sich stetig verstärkenden geistigen Impulsen und sozialen Wellen vorbereitet wurde.

Ob die Gesellschaft der neobabylonischen Turm- und Raketenbauer ohne den Katalysator katastrophaler Entwicklungen in die nächste (universalistische) Periode ihrer soziokulturellen Entwicklung finden wird, ist eine Frage, die im Augenblick noch offenbleiben muß. Die Antwort wird nicht zuletzt davon abhängen, ob sich die in unseren zivilisatorischen Artikulationen eines nicht zuletzt sozioökologisch orientierten Neuhumanismus äußernden kulturrevolutionären Tendenzen kurzfristig derart verstärken werden, daß sie die sich an die aufklärerische Interpretation des Fortschrittsbegriffs klammernde

Reaktion noch rechtzeitig zu unterwandern vermögen. Hierzu und damit zugleich auch zur Selbstbewußtwerdung der beim „Mischen von Beton" an den Tag gelegten monströsen Unschuld beizutragen, die nicht zuletzt das sich im Wechselfeld von Architektur und Politik ereignende Ringen um echte Lebensräume entstellt, ist ein Ziel, bei dessen Verfolgung sich der Verfasser gerne mit seinen Lesern einig wüßte.

Anmerkungen

1 Siehe Mayer-Tasch 1976, S. 66 f.
2 Dietrich 1980, S. 26
3 Mayer-Tasch 1978
4 Zu Gestalt, Idee und Geschichte der Staatsstruktur- und Staatszielbestimmungen vgl. ausführlich Mayer-Tasch 1991, S. 31 ff.
5 Siehe Hennis 1971
6 Vgl. Hackelsberger 1981, S. 131
7 Siehe Orwell 1963, S. 89
8 Vgl. Klotz 1985, S. 271 ff. (zur Tessiner Schule), S. 242 f. (zu Aldo Rossi)
9 Vgl. Habermas 1985, S. 353, 377, 425
10 Böhm 1985, S. 101 f.
11 Botta 1985, S. 274
12 Siehe Portmann 1968, S. 309 ff.
13 Vgl. Mayer-Tasch 1980, S. 12 f.
14 Johnson 1985, S. 57
15 Vgl. Mayer-Tasch 1992
16 Vgl. Mayer-Tasch 1992
17 Vgl. hierzu ausführlich Mayer-Tasch 1978 und 1992
18 Die Darstellung folgt hier und im folgenden Mayer-Tasch 1990, S. 73 ff.
19 Sedlmayr 1955
20 Vgl. Mayer-Tasch 1992
21 de Tocqueville 1959/62, II 4, Kap. 6, S. 342
22 Nietzsche 1981
23 Schmitt 1954
24 Vgl. dazu Mayer-Tasch 1985⁵, S. 35 ff.
25 Bahrdt 1974, S. 30
26 Vgl. Aristoteles 1955, 7. Buch, S. 277 ff.; Bodin 1981, Buch I, Kap. 6; Montesquieu 1980, 14.–18. Buch, S. 284 ff.
27 Vgl. dazu Häberle 1979, S. 57
28 Vgl. Goffmann 1971, S. 10 f.

29 Vgl. Mitscherlich 1972, S. 6 f.; vgl. zur verstärkten Bedeutung des weltweiten Urbanisierungsproblems in neuerer Zeit: Hauser 1990, Kap. 19
30 Vgl. Mitscherlich 1965, S. 9
31 Vgl. Mitscherlich 1965, S. 14, S. 60
32 Portmann 1965, S. 148 ff. (162 f., 185 f.)
33 Lynch 1965
34 Turner 1978
35 Vgl. z.B.: §§ 1 Abs.6, 5 Abs. 2, 39e Nr. 3 BBauG, §§ 1 Abs. 6, 3 Abs. 3, 10 Abs. 1 StBauFG
36 Vgl. dazu u. a. Schubert 1977, S. 91 ff.; Mitscherlich 1965, S. 76 ff.; Goffmann 1971, S. 11
37 Vgl. Rousseau 1977, passim
38 Bahrdt 1969^3, S. 116 ff.
39 Bahrdt 1974, S. 37
40 Ballnow 1971, S. 60
41 Walser 1878
42 Vgl. Aristoteles 1967^2, 2. Buch, Abschnitt 5—9, S. 89 ff. (Nikomachische Ethik)
43 So Art. 66 Abs. 1 Nr. 26 BayBO
44 Zitiert nach Büge/Zinkahn 1952, S. 141 f.
45 Vgl. Knapp 1987, S. 15; vgl. auch zum Thema Stadt Girouard 1987
46 Vgl. dazu Mayer-Tasch 1985^5
47 Sallustus Crispus 1954, S. 3
48 Vgl. Wieland u.a. (Hrsg.) 1986^8 sowie Bode u. a. (Hrsg.) 1986 und Hamberger/Bode/Baumeister/Zängl 1990. Der Film „Unser Dorf soll häßlicher werden" wurde von Dieter Wieland gedreht und kommentiert.
49 Vgl. Rilke 1903 (Das „Buch von der Armut und vom Tode")
50 Vgl. Institut für Demoskopie Allensbach 1993
51 Zit. bei und siehe dazu auch Heidegger 1962, S. 43
52 Vgl. dazu ausführlich Mayer-Tasch 1985^5, S. 13 ff. und passim
53 Vgl. Thoreau 1972, S. 457
54 Vgl. Riesmann 1958, S. 137 ff.
55 Vgl. dazu Deschner 1957, S. 22 ff. (23)
56 Hackelsberger 1986
57 Vgl. auch hierzu Mayer-Tasch 1985^5, S. 13 ff. und passim sowie ders. 1978, S. 23 ff. passim
58 Lampedusa 1959
59 Ibid S. 30
60 Der Begriff „hirngesteuertes Irrenhaus" ist entnommen aus Müller W. 1985, S. 102

61 Vgl. Sedlmayr 1955
62 Vgl. Meyer/Petersen/Sörensen 1979; die Schrift ist aus dänischer Sicht geschrieben, und ihre konkreten Reformvorschläge sind auf die dänischen Verhältnisse zugeschnitten. In ihrer Grundidee ist sie jedoch generalisierbar.
63 Vgl. hierzu exemplarisch die — vom aristotelischen Tugend und Gerechtigkeitsideal des Mittleren und Maßvollen bestimmten — „Essais" von Michel de Montaigne (1533 — 1592).
64 Vgl. insbesondere Buch V der Nikomachischen Ethik (Aristoteles 1967^2)
65 Zur Bedeutung des Organismus-Gedankens für die Sozial- und Politiktheorie vgl. des näheren Mayer-Tasch 1971, S. 10 ff.
66 Vgl. hierzu ausführlich Mayer-Tasch 1980, S. 41 ff. passim
67 Vgl. den Abschnitt „Vom Vorübergehen" in Nietzsches „Also sprach Zarathustra" (Nietzsche 1981)
68 Rilke 1903 (Das Stundenbuch, Buch III). Die Stadtfeindlichkeit äußert sich auch bei zahlreichen anderen Autoren. Zu ihrer lyrischen Manifestation in den ersten Jahrzehnten des Jahrhunderts vgl. Mayer-Tasch 1981, S. 7 ff. (23 ff.)
69 Für die Zeit nach dem Ersten Weltkrieg schätzen Chronisten der Jugendbewegung die Zahl der ihr (in Deutschland) Zurechenbaren auf ca. 300000 bis 400000 vorwiegend aus der Mittelschicht stammende junge und jüngere Menschen. Vgl. Borinski/Milch 1967, S. 41, 24. Vgl. auch Laqueur 1962, S. 24 ff., sowie Flitner 1968, S. 12
70 Vgl. dazu Mohlers 1972^2, passim
71 Zu den verschiedenen Entwicklungsphasen der Bürgerinitiativbewegung vgl. des näheren Mayer-Tasch 1985^5, passim
72 Vgl. dazu a. a. O., S. 10, 205
73 Vgl. a. a. O., S. 220 ff., sowie insbesondere Malunat 1980
74 Der Bundesminister für Jugend, Familie und Gesundheit 1981. Vgl. dazu die aktuelle Zusammenfassung der neueren Jugendforschung bei Hoffmann-Lange/Gille/Schneider 1993
75 Vgl. dazu wieder Mayer-Tasch 1985^5, S. 123 f.
76 So Guggenberger 1979, S. 1
77 Vgl. Noelle-Neumann/Köcher 1993, S. 569 f.
78 Vgl. hierzu Schmidtchen 1979, S. 2
79 Vgl. Debon 1961 (Tao-Te-King), S. 81
80 Vgl. Mayer-Tasch (Hrsg.) 1981, S. 196
81 So Habermas 1981
82 Siehe Rilke 1903, S. 13

83 § 1 BauGestVO, abgedruckt bei Büge 1952, S. 84. Nach dieser Bestimmung waren Bauten „so zu gestalten . . ., daß sie durch Form, Maßstab, Baustoff und Farbe nicht verunstaltet werden . . . und benachbarte bauliche Anlagen sowie das Straßen-, Orts- oder Landschaftsbild nicht stören". Zur Problematik ihrer Fortgeltung vgl. Mayer-Tasch 1978, S. 83 ff. (89).
84 Vgl. Investitionserleichterungs- und Wohnbaulandgesetz, BGBl I/93, S. 466 ff.
85 Vgl. hierzu und zum Folgenden ausführlich Mayer-Tasch 1978, S. 23 ff. passim, S. 82 ff. passim, sowie auch ders. 1977³, S. 245 ff. (S. 255 ff.)
86 Vgl. dazu Mayer-Tasch 1978, S. 65 ff. und passim sowie neuerdings insbesondere ders. 1992
87 Vgl. in diesem Zusammenhang schon die beiden Sammelbände von Andritzky/Burckhardt/Hoffmann (Hrsg.) 1981, passim, Landzettel/Bartels/Descyk 1981, passim, sowie Beisel 1987, passim; vgl. auch schon Natur und Bauen 1977, passim.
88 Vgl. hierzu u. a. die Beiträge von Tzonis/Lefaivre/Alofsin 1981, Blomeyer 1981, Maguire/Murray 1981, Abrahamsen 1981 sowie Burckhardt 1981, S. 121 ff.
89 Vgl. dazu Deschner 1957, S. 22 ff. (23)
90 Zur heutigen Funktion und Situation der Denkmalpflege vgl. u. a. Maier H. (Hrsg.) 1976, passim
91 Vgl. hierzu Portmann 1965, S. 148 ff. (162 f., 185 f.) und dazu Mitscherlich 1965, S. 14
92 Vgl. Lynch 1965, passim, sowie auch Canter (Hrsg.) 1973
93 Vgl. Schumacher 1977. Vgl. zum Folgenden auch Turner/Fichter (Hrsg.) 1972, S. 274 ff. und passim
94 Guggenberger 1979, S. 1 (Beilage)
95 Vgl. oben
96 Vgl. u. a. Mayer-Tasch/Molt/Tiefenthaler 1990, passim
97 Habermas 1981
98 Vgl. zu diesem Problemkreis des näheren Mayer-Tasch 1980, S. 69 ff. passim
99 Geißler 1979, S. 13
100 Vgl. Mayer-Tasch 1982, S. 45 ff.; vgl. weiterführend Bayerisches Staatsministerium für Landesentwicklung und Umweltfragen 1992, S. 13 f., 26 f. und 40 f. der Änderungsbegründung zur Fortschreibung des Landesentwicklungsprogrammes.
101 Man denke etwa an das von Jaap t. Hoft vorgestellte Kuppelhaus (Hoft 1977, S. 92 ff.) sowie Prokol-Gruppe 1976, S. 49 ff. Vgl. auch Krusche/Weig-Krusche 1981 und Hoffmann 1981, S. 26 ff., 62 ff.,

74 ff., 97 ff. Vgl. auch den Bericht über ein Ökodorf-Projekt von Amery/Lohmann 1977, Heft 4, S. 16 ff.
102 Vgl. zusammenfassend die bei Müller 1991 dokumentierte Diskussion. Vgl. ebenfalls Lovins 1978, passim. Vgl. auch Meyer-Abich 1979 sowie Meyer-Abich/Schefold 1986
103 Vgl. zu diesem Problemkreis Minke 1981, S. 81. Vgl. auch Palm 1992^{10}, passim, sowie Lotz 1978 und Schnaaser 1981. Die Entwicklung baubiologischer Sensibilitäten wird u. a. in den zahlreichen Artikeln der — vom Rosenheimer bzw. Neubeuerner Institut für Baubiologie herausgegebenen — Zeitschrift Wohnung + Gesundheit dokumentiert.
104 Vgl. hierzu u. a. Gerischer 1981, S. 95 ff., und Umweltbundesamt 1993, 105. Zitiert nach Tzonis/Lefaivre/Alofsin 1981, S. 129.

Literaturverzeichnis

Abrahamsen, Pool — (1981) Regionalistische Architektur in Skandinavien und ihre historischen Wurzeln. In: Andritzky/Burckhardt/Hoffmann Für eine andere Architektur. Frankfurt

Amery, Carl/Lohmann, Michael — (1977) Energie aus der Gartenvorstadt — zu einem geplanten Objekt. In: Das Forum, Jg. 1977, Heft 4, S. 16 ff.

Andritzky, Michael/Burckhardt, Lucius/Hoffmann, Ot (Hrsg.) — (1981) Für eine andere Architektur. Frankfurt

Aristoteles — (1955) Werke, Bd. IV, Politik und Staat der Athener. Eingeleitet und neu übertragen von Olof Gigon. Zürich — (1967^2) Werke, Bd. 3, Die Nikomachische Ethik. Neu übersetzt mit einer Einleitung und erklärenden Anmerkungen versehen von Olof Gigon. Zürich

Bachler, Käthe — (o. J.) Erfahrungen einer Rutengängerin. Geobiologische Einflüsse auf den Menschen. Linz/Wien/Passau

Bahrdt, Hans-Paul — (1969^3) Die moderne Großstadt. Soziologische Überlegungen zum Städtebau. Reinbek — (1974) Umwelterfahrung. Soziologische Betrachtungen über den Beitrag des Subjekts zur Konstitution von Umwelt. München

Ballnow, O. F. — (1971) Mensch und Raum. Stuttgart

Bayerisches Staatsministerium für Landesentwicklung und Umweltfragen (Hrsg.) — (1992) Entwurf zur Fortschreibung des Landesentwicklungsprogrammes Bayern. München

Baywa — (1991) Dorferneuerung in Bayern. Ziele, Wege, Beispiele, München

Beisel, Dieter (Hrsg.) — (1987) Bauen und Wohnen. Anregungen und Vorschläge für eine natürliche Wohnwelt. München

Benevolo, Leonardo — (1982^2) Geschichte der Architektur des 19. und 20. Jahrhunderts, 2 Bde, München

Blomeyer, Gerald — (1981) Neuer Regionalismus als Programm. In: Andritzky u. a. (Hrsg.) Für eine andere Architektur. Frankfurt

Bode, Peter M./Hamberger, Sylvia/Zängl, Wolfgang (Hrsg.) — (1986) Alptraum Auto. München

Bodin, Jean — (1981) Sechs Bücher über den Staat. Buch 1 — 3, übersetzt und mit Anmerkungen versehen von Bernd Wimmer, eingeleitet und hrsg. von P. C. Mayer-Tasch. München

Böhm, Gottfried — (1985) Rathaus von Benzberg, kommentierte Abbildung. In: Klotz a. a. O., S. 101 f.

Borinski, F./Milch, W. — (1967) Jugendbewegung. Die Geschichte der deutschen Jugend 1896 — 1933. Frankfurt

Botta, Mario — (1985) Einfamilienhaus „Casa Rotonda", Stabio 1981, kommentierte Abbildung. In: Klotz a. a. O, S. 274

Büge, Max/Zinkahn, Willi — (1952) Der Rechtsschutz gegen Verunstaltungen. Düsseldorf

Burckhardt, Lucius — (1981) Künstliche Dörfer. In: Andritzky/Burckhardt/Hoffmann Für eine andere Architektur. Frankfurt

Canter, David V. (Hrsg.) — (1973) Architekturpsychologie. Theorie, Laboruntersuchungen, Feldarbeit. 12 Forschungsberichte. Gütersloh

Dahrendorf, Ralf — (1972) Konflikt und Freiheit. München

Der Bundesminister für Jugend, Familie und Gesundheit — (1981) Zur alternativen Kultur in der Bundesrepublik Deutschland (GZ 211 — 2007). Bonn

Debon, Günther (Hrsg.) — (1961) Tao-Te-King, Das heilige Buch vom Weg und von der Tugend. Stuttgart

Deschner, Karlheinz — (1957) Kitsch, Kunst und Konvention. Eine literarische Streitschrift. München

Dietrich, Richard — (1980) Architektur und Gesundheit. In: bauen (Heft 8/9). Stuttgart

Doernach, Rudolf — (1981) Das Biohaus. In: Andritzky/Burckhardt/Hoffmann (Hrsg.) Für eine andere Architektur. Frankfurt

Drebusch, Günter — (1976) Industriearchitektur. München

Flitner, W. — (1968) Indeengeschichtliche Einführung in die Dokumentation der Jugendbewegung. In: Kindt, W. (Hrsg.) Die Wandervogelzeit Quellenschriften zur deutschen Jugendbewegung 1896 — 1919. Düsseldorf/Köln

Geißler, Heiner — (1979) Option auf eine lebenswerte Zukunft, München/Wien

Gerischer, Wolf — (1981) Bauen mit Abfall. In: Andritzky/Burckhardt/Hoffmann (Hrsg.) Für eine andere Architektur. Frankfurt

Girouard, Marle — (1987) Die Stadt — eine Kulturgeschichte. Frankfurt a. M./New York

Goffmann, Erving — (1971) Verhalten in sozialen Situationen. Strukturen und Regeln der Interaktion im öffentlichen Raum. Gütersloh

Guggenberger, Bernd — (1979) Kultrurevolution der Bürgerinitiativen. In: FAZ Nr. 227 vom 29. 9. 79, Frankfurt

Habermas, Jürgen — (1981) Moderne und postmoderne Architektur. In: SZ vom 5./6. 12. 81. München — (1985) Der philosophische Diskurs der Moderne. Frankfurt a.M.

Häberle, Peter — (1979) Kulturpolitik in der Stadt — Ein Verfassungsauftrag. Heidelberg

Hackelsberger, Christoph — (1981) Dokumente eines Jahrzehnts. Kritische Anmerkungen zu Inhalt und Erscheinung der zweiten Neuen Pinakothek in München. In: SZ vom 21./22. 3. 1981, S. 131. — (1986) Granit mit Wasserspülung. Der zwanghaft aufgedonnerte Frauenplatz. In: SZ vom 20. 6. 86

Hamberger, Sylvia/Bode, Peter M./Baumeister, Ossi/Zängl, Wolfgang — (1990) Sein oder Nichtsein. Die industrielle Zerstörung der Natur. München

Hauser, Jürg A. — (1990) Bevölkerungs- und Umweltprobleme der Dritten Welt, Bd. 2 Bern/Stuttgart

Heidegger, Martin — (1962) Die Technik und die Kehre. Pfullingen

Hennis, Wilhelm — (1971) Ende der Politik? Zur Krise des Politischen in der Gegenwart, sowie Diskussionsbeitrag. In: Der aktive Bürger Utopie oder Wirklichkeit; Ein Cappenberger Gespräch, Bd. 6, Köln/Berlin

Hoft, Jaap ter — (1977) Das autonome Haus. In: Baer, S./Edelmann, W. (Hrsg.) Alternative Technologie — Gebot der Stunde. Berlin, S. 92 ff.

Hoffmann, Ot — (1981) Das Öko-Haus auf der Einzelparzelle, und Eine kleine Passiv-Solar-Story. In: Andritzky/Burckhardt/Hoffmann (Hrsg.) Für eine andere Architektur. Frankfurt

Hoffmann-Lange, Ursula/Gille, Martina/Schneider, Helmut — (1993) Das Verhältnis von Jugend und Politik in Deutschland. In: Aus Politik und Zeitgeschichte, B 19/93, S. 3 — 12

Institut für Baubiologie (Hrsg.) — (1978 ff.) Wohnung + Gesundheit, Fachzeitschrift für ökologisches Bauen + Leben. Neubeuern

Institut für Demoskopie (Hrsg.) — (1993) Allensbacher Berichte, Heft 5

Johnson, Philip — (1985) Kline Biology Tower, Yale University, New Haven 1966, kommentierte Abbildung. In: Klotz a. a. O., S. 57

Jugendwerk der Deutschen Shell (Hrsg.) — (1981) Jugend '81. Lebensentwürfe, Alltagskulturen, Zukunftsbilder. Hamburg

Klotz, Heinz — (1985²) Moderne und Postmoderne — Architektur der Gegenwart 1960-1980. Braunschweig/Wiesbaden

Knapp, Gottfried — (1987) Bauten als Instrumente der Politik. In: SZ, Nr. 73 vom 28./29. 3. 87, S. 15

Krusche, Per/Weig-Krusche, Maria — (1981) Das Haus — ein selbstversorgendes Ökosystem. In: Andritzky/Burckhardt/Hoffmann (Hrsg.) Für eine andere Architektur. Frankfurt

Kunst im 3. Reich — (1976²) Dokumente der Unterwerfung. Frankfurt

Lampedusa, Giuseppe Tomasi di — (1959) Der Leopard. München

Landzettel, Wilhelm (unter Mitarbeit von Joachim Descyk und Christa Landzettel) — (1979) Häuser und Straßen. Dorfentwicklung in Hessen. Wiesbaden

Landzettel, Wilhelm/Bartels, Annette/Descyk, Joachim — (1981) Bauwerk. Dorfentwicklung in Hessen. Wiesbaden

Laqueur, W. Z. — (1962) Die deutsche Jugendbewegung. Eine historische Studie. Köln

Lotz, Karl E. — (1978³) Willst Du gesund wohnen? Neueste baubiologische Erkenntnisse. Remscheid

Lovins, Amory — (1978) Sanfte Energie. Das Programm für die energie- und industriepolitische Umrüstung unserer Gesellschaft. Reinbek

Lynch, Kevin — (1965) Das Bild der Stadt. Braunschweig

Maguire, Robert/Murray Keith — (1981) Bauen für den Menschen. 5 Lektionen für regionales Bauen. In: Andritzky/Burckhardt/Hoffmann (Hrsg.) Für eine andere Architektur. Frankfurt

Maier, Hans (Hrsg.) — (1976) Denkmalschutz. Internationale Probleme. Nationale Projekte. Zürich

Malunat, Bernd M. — (1980) Die Stellung der Alternativen Parteien im politischen System der Bundesrepublik Deutschland (MS). München

Mayer-Tasch, Peter Cornelius — (1971) Korporativismus und Autoritarismus. Eine Studie zu Theorie und Praxis der berufsständischen Rechts- und Staatsidee. Frankfurt — (1976) Hobbes und Rousseau. Aalen — (1977³) Die rechtlichen und politischen Möglichkeiten einer Beteiligung des Bürgers an der Gemeindepolitik. In: Rausch, Heinz/Stammen, Theo (Hrsg.) Aspekte und Probleme der Kommunalpolitik, München — (1978) Umweltrecht im Wandel. Opladen — (1980) Ökologie und Grundgesetz. Frankfurt a. M. — (1982) Die Welt als Baustelle. Fragen an die Politische Ökologie. Zürich — (1985⁵) Die Bürgerinitiativbewegung. Der aktive Bürger als rechts- und politikwissenschaftliches Problem. Reinbek — (1990²) Ein Netz für Ikarus. Zur Wiedergewinnung der Einheit von Natur, Kultur und Leben. München — (1991) Politische Theorie des Verfassungsstaates. München — (1992) Altlast Recht. Wider die ökologischen Defizite unseres Rechtssystems. Frankfurt

Mayer-Tasch, Peter Cornelius (Hrsg.) — (1981) Im Gewitter der Geraden. Deutsche Ökolyrik 1950-1980. München — (1988) Die Rink-Villa. Eine süddeutsche Passion. München

Mayer-Tasch, Peter Cornelius/Molt, Walter/Tiefenthaler, Heinz — (1990) Transit. Das Drama der Mobilität. Zürich

Meyer, Nils I. u. a. — (1979) Aufruhr der Mitte. Modell einer künftigen Gesellschaftsordnung. Hamburg
Meyer-Abich, Klaus M. — (1979) Energieeinsparung als neue Energiequelle. Wirtschaftspolitische Möglichkeiten und alternative Technologien. München
Meyer-Abich, Klaus M./Schefold, Bertram — (1986) Die Grenzen der Atomwirtschaft. Die Zukunft von Energie, Wirtschaft und Gesellschaft. München
Minke, Gernot — (1981) Alternatives Bauen mit natürlichen Baumaterialien. In: Andritzky/Burckhardt/Hoffmann (Hrsg.) Für eine andere Architektur. Frankfurt
Mitscherlich, Alexander — (1965) Die Unwirtlichkeit unserer Städte. Frankfurt a.M. — (1972) Wege in die städtische Zukunft. Marburg
Mohlers, Armin — (1972²) Die konservative Revolution in Deutschland 1918-1932. Darmstadt
Montesquieu, Charles de — (1980) Vom Geist der Gesetze. Übersetzt von Kurt Weigand. Stuttgart
Müller, Rudolf — (1991) Energiehaushalt von Bauten — eine Diskussion. Köln
Müller, Werner — (1985) Indianische Welterfahrung. Stuttgart
Natur und Bauen — (1977) Katalog zur gleichnamigen von Klaus Osterwold arrangierten Ausstellung im Württembergischen Kunstverein. Stuttgart
Nietzsche, Friedrich — (1981) Also sprach Zarathustra. In: Ders., Werke in 3 Bänden (hrsg. von Karl Schlechta), Bd. II. Frankfurt a. M.
Orwell, George — (1963) 1984. Stuttgart
Palm, Hubert — (1992¹⁰) Das gesunde Haus. Konstanz
Pennick, Nigel — (1982) Die alte Wissenschaft der Geomantie. Der Mensch im Einklang mit der Erde. München
Portmann, Adolf — (1965) Gestaltung als Lebensvorgang. In: Ders., Aufbruch der Lebensforschung. Frankfurt. S. 148 ff. — (1968) Biologie und Geist. Zürich
Prokol-Gruppe — (1976) Der sanfte Weg. Technik in einer neuen Gesellschaft. Stuttgart
Rausch, Heinz/Stammen, Theo (Hrsg.) — (1977³) Aspekte und Probleme der Kommunalpolitik. München
Riesmann, David — (1958) Die einsame Masse. Hamburg
Rilke, Rainer Maria — (1903) Das Stundenbuch. In: Ders. Werke in sechs Bänden Frankfurt 1982, Bd. I
Rousseau, Jean-Jacques — (1977) Vom Gesellschaftsvertrag oder Grundsätze des Staatsrechts. Zus. mit Eva Pietzcker neu übersetzt und hrsg. von Hans Brockart. Stuttgart

Sallustus Crispus — (1954) De coniuratione catilinae. Stuttgart
Schmidtchen, Gerhard — (1979) Die Kosten des Fortschritts. Bonn (Vortrag gehalten am 2. 3. 79 auf der wissenschaftlichen Fachtagung der CDU zu Umwelt und Wachstum in Bonn, Typoskript)
Schmitt, Carl — (1954) Gespräch über die Macht und den Zugang zum Machthaber. Pfullingen
Schnaaser, Siegfried — (1981) Der praktische Baubiologe, Ratschläge für Alt- und Neubau. Prien
Schubert, Hans Achim — (1977) Nachbarschaft, Entfremdung und Protest. Welche Chancen haben Nachbarschaftsinitiativen in modernen Gesellschaften? Freiburg/München
Schumacher, E. F. — (1977) Die Rückkehr zum menschlichen Maß. Alternativen für Wirtschaft und Technik. Reinbek
Sedlmayr, Hans — (1955) Verlust der Mitte. Die bildende Kunst des 19. und 20. Jahrhunderts als Symptom und Symbol der Zeit. Berlin
Thoreau, Henry David — (1972) Walden. Zürich
Tocqueville, Alexis de — (1959/62) Über die Demokratie in Amerika. Aus dem Französischen neu übertragen von Hans Zbinden. Stuttgart
Turner, John F. — (1978) Verelendung durch Architektur. Reinbek
Turner, John/Fichter Robert (Hrsg.) — (1972) Freedom to build. Dweller Control of the Housing Process. New York/London
Tzonis, Alexander/Lefaivre, Liane/Alofsin, Anthony — (1981) Die Frage des Regionalismus. In: Andritzky/Burckhardt/ Hoffmann (Hrsg.)Für eine andere Architektur. Frankfurt
Umweltbundesamt (Hrsg.) — (1993^2) Leitfaden zum ökologisch orientierten Bauen. Karlsruhe
Walser, Robert — (1978) Der Spaziergang. Frankfurt
Walters, Derek — (1990) Feng Shui. Kunst und Praxis der chinesischen Geomantie, Zürich/St. Gallen/Chur
Warnke, Martin (Hrsg.) — (1984) Politische Architektur in Europa. Köln
Werner, Paul — (1979) Der Bergbauernhof. München
Wieland, Dieter — (1979^2) Bauen und Bewahren auf dem Lande. Bonn
Wieland, Dieter/Bode, Peter M./Disko, Rüdiger (Hrsg.) — (1986^8) Grün kaputt. München

Personen- und Ortsregister

Adorno, Theodor 92
Algarve 101
Alvor Praia 101
Ammersee 77
Aristoteles 50, 59 (86)
Athen 49

Bahrdt, Hans Paul 50, 55
Benn, Gottfried 79
Bensberg, Rathaus von 30
Berkeley 32
Berlin 25, 30, 97
Bivio 101
Bloch, Ernst 26
Bodin, Jean 50
Böhm, Gottfried 30
Boston 18, 103
Botta, Mario 30
Branca, Alexander von 27

Chicago 103
China 108
Clemenswerth 18
Costa Esmeralda 101

Dietrich, Richard 22

Eichendorff, Josef von 87

Frankfurt 97

Geißler, Heiner 107
Grass, Günther 11
Guarda 101
Guggenberger, Bernd 104

Habermas, Jürgen 30, 105
Hennis, Wilhelm 25
Himmelheber, Max 19
Hobbes, Thomas 17
Hölderlin, Friedrich 74
Hokusai, Katsushika 36
Horkheimer, Max 92

Japan 18, 36
Johnson, Philip 32

Kampen 101
Karlsruhe 18

Lampedusa, Giuseppe Tomasi di 82
Le Corbusier, Charles 32
Lissabon 18
Ludwig I., König von Bayern 62
Lynch, Kevin 52, 103

Madrid 103
Marcuse, Herbert 92
Meyer, Nils 85
Mitscherlich, Alexander 51, 52
Moléson Village 101
Montesquieu, Charles de 50
Müller, Werner 82
München 62, 79

Nelson, George 111
Neutra, Richard 52
New Jersey 103
Nietzsche, Friedrich 46, 88
Nürnberg 97

Orwell, George 29

Palladio, Andrea 29
Paris 90, 103
Pascal, Blaise 24
Platon 113
Pombal, Marquis de 18
Port Grimaud 101
Portmann, Adolf 31, 52

Reichlin, Bruno 29
Reinhardt, Fabio 29
Riemerschmied, Richard 90
Riesman, David 77
Rilke, Rainer Maria 70, 88, 96
Rom 19, 49
Rousseau, Jean Jacques
 20, 54, 86

Sallustus Crispus 64
Sardinien 101

Schinkel, Karl Friedrich 19
Schmitt, Carl 47
Schumacher, E. F. 104
Sedlmayer, Hans 38, 66, 85
Seldwyla 101
Stirling, James 30
Sylt 101

Tagore, Rabindranath 82
Tokio 18, 103
Tocqueville, Alexis de 45
Thoreau, Henry David 76
Turner, John 53

Walser, Robert 57
Wyhl 26

Yale 32

Zille, Heinrich 25
Zumikon 101

Sachregister

Alternativbewegung 48, 62, 92, 98
Alternativkultur 93, 94, 95, 102
Architektur der Geraden 12
— der Gewalt 22
Atomenergie 93
Aufklärung 87
Aufruhr der Mitte → Mitte, Aufruhr der

Bauästhetik 106, 107
Baubiologie 107
Baugesetzbuch, deutsches 60
Bauhaus 12, 20, 21
Baukultur 23, 32, 97, 106
Baukunst 14
Bauordnung, bayerische 38
Baurecht, deutsches 59, 98
Bayerische Verfassung 24
Bewußtsein, kollektives 63
Bewußtseinswandel 91
Bürger(s), Identifikation des 69, 71, 77, 80, 82
Bürgerinitiativbewegung 48, 62, 92, 93, 98
Bürgerinitiativen 26, 75, 76, 93, 94
— Kulturrevolution der 91, 94
Bundesbaugesetz 99
Bundesministerium für Jugend, Familie und Gesundheit 93

Denkmalschutz, -pflege 29, 102, 104

Denkmalschutzjahr, europäisches 102
Dezentralisation 100, 105, 107
Energie, alternative 108
Energiekreislauf 108
Energiekrise 92/93
Energieversorgung 110
Energieversorgungssysteme 32
Ensembleschutz 102
Entbergung des Menschen 85, 88
Enthumanisierung 98
Entsorgungssysteme 32
Entwicklung, zivilisatorische 87
—, soziokulturelle 113
Entwicklungspolitik 15
Erster Weltkrieg 91
Existentialismus 92

Faschismus 91
Feng Shui 108
Formalästhetik 110
Formalismus 27
Fortschritt, Fortschrittsidee 86, 88, 91, 94
Frankfurter Schule 92
Französische Revolution 24
Friedensbewegung 48

Ganzheitlichkeit 27, 41, 42, 61, 63, 74, 76, 91, 111, 112
Geistige Mitte → Mitte, geistige
Geomantie 80, 108
Geometrie, heilige 22

Goldener Schnitt 29
Gotik 20
Gruenen, die 93
Grundgesetz 23, 34
Grundrecht 34
Grundwerte 24, 28, 95

Hausbesetzungen 97
Historismus 87, 106
Humanismus 98, 112
Humanismus, sozioökologischer 100
Humanismus, Neu- 113

Idealismus, deutscher 87
Identifikation 65, 67, 69, 71, 74
Identifikation, des Bürgers 69, 71, 77, 80, 82
Identifikation, negative 66
Individualismus 41, 112, 113
Industrialisierung 70
Industriegesellschaft 88, 93, 104, 105
Industriekultur 88, 95
Industrielle Revolution 88

Jugendbewegung 88, 90, 91, 92
Jugendstil 44, 89

Klassizismus 19
Kollektivismus, sozialistischer 41
Konservative Revolution 91
Konsumkultur 88, 95
Kosmische Gesetzlichkeit 49
Kosmische Mitte → Mitte, kosmische
Kosmische Ordnung 22
Kubismus 19, 96
Kulturstaatlichkeit 24

Landesbauordnung, bayerische 38
—, deutsche 38

Landesentwicklungsprogramm, bayerisches 107
Lebensräume 112, 114

Massenarchitektur 25
Maßstäblichkeit der Natur 78/79
Menschenmaß 79
Mitte, Aufruhr der 75, 85, 86, 88, 92, 95
Mitte, geistige 56
—, kosmische 82
—, menschliche 68, 85
Mitte, Verlust der 38, 41, 56, 57, 66, 85
Mitte und Maß 30, 59, 79, 85, 89, 95, 112
Mittelalter 85, 108
Mitwirkungsrechte, bürgerschaftliche 63
Mobilität 69, 95
Modernismus 96, 102, 103
Monopolisierung der Kommunikation 54
Monumentalismus 19

Nachbarschutz 99
Nachkriegszeit 92, 96, 98, 104
Nachsorge-Technologien 15
Naturalismus 87
Naturhaushalt 112
Naturkreislauf 109

Objektschutz 102
Öffentlicher Raum → Raum, öffentlicher
Öffentlichkeit, Verfall der 55
Öko-Bilanzen 14
Ökofunktionalismus 106
Ökologiebewegung 48, 62, 76, 92, 93, 98
Ökologisches Bauen 100

Planungskultur 23
Planungsprozesse, kommunale 62
Politik des peripheren Eingriffs 15
Postmoderne 22, 29, 30, 106
Projekt der Moderne 30

Raum, architektonischer 50, 51
—, dörflicher 81
—, geistiger 50
—, natürlicher 50
—, öffentlicher 40—42, 45—49, 51, 53, 55, 57, 59, 62—64, 66, 69, 71, 74, 75, 77, 80, 82
—, politischer 81
Raumsituation 55
Rechtsstaatlichkeit 23/24
Regionalarchitektur 102
Regionalismus 100—102
Reichsgestaltungsverordung (nationalsozialistische Baugestaltungsverordnung) 61, 97
Reintegration 87, 104, 107
Renaissance 41, 45, 85, 86, 102, 113
Rezession, wirtschaftliche 63
Romantik 44, 86, 88, 90, 113

Sekundärarchitektur 38, 40, 59
Sophisten 113
Sozialstaatlichkeit 23/24

Staatsstrukturbestimmungen 23
Staatszielbestimmungen 23
Stadtflucht 71
Städtebauförderungsgesetz 99
Studentenbewegung 92
Subjektiv-öffentliches Recht 99
Subventionspolitik 32

Tessiner Schule 29
Trabantensiedlungen 101
Traditionalismus 100, 102

Umorientierung, soziokulturelle 100
Umweltpolitik 14, 107
Umwertung der Werte 84, 94
Universalismus 113
Urbanistik 99, 100, 103, 104, 105, 111

Verlust der Mitte → Mitte, Verlust der
Veranstaltungsverbot 60
Volksstaatlichkeit 23/24

Wachstumspolitik 14, 81
Wertepluralismus 47, 48
Wertewandel, sozialer 84
Wertungsmonopol 47
Wirtschaftswunder 70
Wohnkultur 96
Wohnmaschinen 31

Zeitgeist 73, 80
Zentralisationsdynamik 105
Zweiter Weltkrieg 91

TEXTE + THESEN

AUSWAHL LIEFERBARER TITEL

Politik/Zeitgeschehen

Arnim, Hans Herbert von
Macht macht erfinderisch
Der Diätenfall: ein politisches Lehrstück
ISBN 3-7201-5**214**-6
DM 14,-/ÖS 110,-/Sfr. 14,-

Büscher, R./Homann, J.
Japan und Deutschland
Die späten Sieger?
ISBN 3-7201-5**229**-4
DM 14,-/ÖS 110,-/Sfr. 14,-

Gysling, Erich
Arabiens Uhren gehen anders
Eigendynamik und Weltpolitik in Nahost
ISBN 3-7201-5**149**-2
DM 14,-/ÖS 110,-/Sfr. 14,-

Heck, Bruno
Vaterland Bundesrepublik?
ISBN 3-7201-5**174**-3
DM 14,-/ÖS 110,-/Sfr. 14,-

Hellmer, Joachim
Anpassung oder Widerstand?
Der Bürger als Souverän —
Grenzen staatlicher Disziplinierung
ISBN 3-7201-5**201**-4
DM 14,-/ÖS 110,-/Sfr. 14,-

Jäger, Wolfgang
Wer regiert die Deutschen?
Innenansichten der Parteiendemokratie
ISBN 3-7201-5**251**-0
DM 22,-/ÖS 170,-/Sfr. 22,-

Klages, Helmut
Häutungen der Demokratie
ISBN 3-7201-5**246**-4
DM 22,-/ÖS 170,-/Sfr. 22,-

Kromka, F./Kreul, W.
Unternehmen Entwicklungshilfe
Samariterdienst oder die Verwaltung
des Elends?
ISBN 3-7201-5**235**-9
DM 14,-/ÖS 110,-/Sfr. 14,-

Kühnhardt, L./Pöttering, H.-G.
Europas vereinigte Staaten
Annäherungen an Werte und Ziele
ISBN 3-7201-5**237**-5
DM 14,-/ÖS 110,-/Sfr. 14,-

Langguth, Gerd
Der grüne Faktor
Von der Bewegung zur Partei?
ISBN 3-7201-5**169**-7
DM 14,-/ÖS 110,-/Sfr. 14,-

Laufer, Heinz
Bürokratisierte Demokratie
ISBN 3-7201-5**157**-3
DM 14,-/ÖS 110,-/Sfr. 14,-

Lendvai, Paul
Das einsame Albanien
Reportage aus dem Land der Skipetaren
ISBN 3-7201-5**177**-8
DM 14,-/ÖS 110,-/Sfr. 14,-

Lendvai, Paul
Das eigenwillige Ungarn
Von Kádár zu Grósz
ISBN 3-7201-5**195**-6
DM 14,-/ÖS 110,-/Sfr. 14,-

Lübbe, Hermann
Freiheit statt Emanzipationszwang
Die liberalen Traditionen
und das Ende der
marxistischen Illusionen
ISBN 3-7201-5**233**-2
DM 14,-/ÖS 110,-/Sfr. 14,-

Meissner, Boris
Sowjetische Kurskorrekturen
Breshnew und seine Erben
ISBN 3-7201-5168-9
DM 14,-/ÖS 110,-/Sfr. 14,-

Mensing, Wilhelm
Nehmen oder Annehmen
Die verbotene KPD auf der Suche
nach politischer Teilhabe (Bd. 1)
ISBN 3-7201-5220-0
DM 14,-/ÖS 110,-/Sfr. 14,-

Mensing, Wilhelm
Wir wollen unsere Kommunisten wieder haben ...
Demokratische Starthilfen für
die Gründung der DKP (Bd. 2)
ISBN 3-7201-5221-9
DM 14,-/ÖS 110,-/Sfr. 14,-

Müller, Christian
Europa von der Befreiung zur Freiheit
Der Epochenwechsel aus Schweizer Sicht
ISBN 3-7201-5248-0
DM 14,-/ÖS 110,-/Sfr. 14,-

Nenning, Günther
Die Nation kommt wieder
Würde, Schrecken und Geltung
eines europäischen Begriffs
ISBN 3-7201-5231-6
DM 14,-/ÖS 110,-/Sfr. 14,-

Oberreuter, Heinrich
Parteien — zwischen Nestwärme und Funktionskälte
ISBN 3-7201-5165-4
DM 14,-/ÖS 110,-/Sfr. 14,-

Oberreuter, Heinrich
Stimmungsdemokratie
Strömungen im politischen Bewußtsein
ISBN 3-7201-5205-7
DM 14,-/ÖS 110,-/Sfr. 14,-

Opitz, Peter J.
Gezeitenwechsel in China
Die Modernisierung der chinesischen
Außenpolitik
ISBN 3-7201-5238-3
DM 14,-/ÖS 110,-/Sfr. 14,-

Partsch, Karl Josef
Hoffen auf Menschenrechte
Rückbesinnung auf eine internationale
Entwicklung
ISBN 3-7201-5253-7
DM 22,-/ÖS 170,-/Sfr. 22,-

Rother, Werner
Die Seele und der Staat
ISBN 3-7201-5218-9
DM 14,-/ÖS 110,-/Sfr. 14,-

Rühle, Hans
Angriff auf die Volksseele
Über Pazifismus zum Weltfrieden?
ISBN 3-7201-5175-1
DM 14,-/ÖS 110,-/Sfr. 14,-

Schlosser, Günter
Briefe vom Kap
Ein Deutscher über seine Wahlheimat
Südafrika
ISBN 3-7201-5193-X
DM 14,-/ÖS 110,-/Sfr. 14,-

Schroeder, Peter W.
Europa ohne Amerika?
ISBN 3-7201-5230-8
DM 14,-/ÖS 110,-/Sfr. 14,-

Ströbinger, Rudolf
Poker um Prag
Die frühen Folgen von Jalta
ISBN 3-7201-5181-6
DM 14,-/ÖS 110,-/Sfr. 14,-

Weidenfeld, Werner
Ratlose Normalität
Die Deutschen auf der Suche
nach sich selbst
ISBN 3-7201-5172-7
DM 14,-/ÖS 110,-/Sfr. 14,-

Zimmermann, Ekkart
Massen-Mobilisierung
Protest als politische Gewalt
ISBN 3-7201-5163-8
DM 14,-/ÖS 110,-/Sfr. 14,-

Wirtschaft/Soziales

Büscher, R./Homann, J.
Wandert die deutsche Wirtschaft aus?
Standortfrage Bundesrepublik Deutschland
ISBN 3-7201-5**215**-4
DM 14,-/ÖS 110,-/Sfr. 14,-

Büscher, R./Homann, J.
Supermarkt Europa
ISBN 3-7201-5**225**-1
DM 14,-/ÖS 110,-/Sfr. 14,-

Hölder, Egon
Durchblick ohne Einblick
Die amtliche Statistik zwischen Datennot und Datenschutz
ISBN 3-7201-5**179**-4
DM 14,-/ÖS 110,-/Sfr. 14,-

Kane-Berman, John
Südafrikas verschwiegener Wandel
ISBN 3-7201-5**240**-5
DM 22,-/ÖS 170,-/Sfr. 22,-

Klauder, Wolfgang
Ohne Fleiß kein Preis
Die Arbeitswelt der Zukunft
ISBN 3-7201-5**227**-8
DM 14,-/ÖS 110,-/Sfr. 14,-

Kühnhardt L./Pöttering, H.-G.
Weltpartner Europäische Union
ISBN 3-7201-5**252**-9
DM 22,-/ÖS 170,-/Sfr. 22,-

Rüthers, Bernd
Die offene ArbeitsGesellschaft
Regeln für soziale Beweglichkeit
ISBN 3-7201-5**186**-7
DM 14,-/ÖS 110,-/Sfr. 14,-

Rüthers, Bernd
Grauzone Arbeitsrechtspolitik
ISBN 3-7201-5**190**-5
DM 14,-/ÖS 110,-/Sfr. 14,-

Theobald, Adolf
Das Ökosozialprodukt
Lebensqualität als Volkseinkommen
ISBN 3-7201-5**185**-9
DM 14,-/ÖS 110,-/Sfr. 14,-

Wingen, Max
Kinder in der Industriegesellschaft — wozu?
Analysen — Perspektiven — Kurskorrekturen
ISBN 3-7201-5**146**-8
DM 14,-/ÖS 110,-/Sfr. 14,-

Gesellschaft/Modernes Leben

Baier, Horst
Ehrlichkeit im Sozialstaat
Gesundheit zwischen Medizin und Manipulation
ISBN 3-7201-5**207**-3
DM 14,-/ÖS 110,-/Sfr. 14,-

Brinkhoff, K.-P./Ferchhoff, W.
Jugend und Sport
Eine offene Zweierbeziehung
ISBN 3-7201-5**226**-X
DM 14,-/ÖS 110,-/Sfr. 14,-

Burens, Peter-Claus
Stifter als Anstifter
Vom Nutzen privater Initiativen
ISBN 3-7201-5**200**-6
DM 14,-/ÖS 110,-/Sfr. 14,-

Erffa, Wolfgang von
Das unbeugsame Tibet
Tradition · Religion · Politik
ISBN 3-7201-5**245**-6
DM 14,-/ÖS 110,-/Sfr. 14,-

Geus, Theodor, Hrsg.
So weit Europa reicht
Beziehungen und Begegnungen
ISBN 3-7201-5254-5
DM 22,-/ÖS 170,-/Sfr. 22,-

Grupe, Ommo
Sport als Kultur
ISBN 3-7201-5198-0
DM 14,-/ÖS 110,-/Sfr. 14,-

Haag, Herbert
Bewegungskultur und Freizeit
Vom Grundbedürfnis nach Sport
und Spiel
ISBN 3-7201-5188-3
DM 14,-/ÖS 110,-/Sfr. 14,-

Hofstätter, Peter R.
Bedingungen der Zufriedenheit
ISBN 3-7201-5192-1
DM 14,-/ÖS 110,-/Sfr. 14,-

Kepplinger, Hans Mathias
Ereignismanagement
Wirklichkeit und Massenmedien
ISBN 3-7201-5247-2
DM 22,-/ÖS 170,-/Sfr. 22,-

Klages, Helmut
Wertedynamik
Über die Wandelbarkeit des
Selbstverständlichen
ISBN 3-7201-5212-X
DM 14,-/ÖS 110,-/Sfr. 14,-

Klose, Werner
Stafetten-Wechsel
Fünf Generationen formen unsere Welt
ISBN 3-7201-5160-3
DM 14,-/ÖS 110,-/Sfr. 14,-

Lenk, Hans
Eigenleistung
Plädoyer für eine positive
Leistungskultur
ISBN 3-7201-5164-6
DM 14,-/ÖS 110,-/Sfr. 14,-

Lenk, Hans
Die achte Kunst
Leistungssport — Breitensport
ISBN 3-7201-5176-X
DM 14,-/ÖS 110,-/Sfr. 14,-

Lenk, H./Pilz, G.
Das Prinzip Fairneß
ISBN 3-7201-5222-7
DM 14,-/ÖS 110,-/Sfr. 14,-

Lindner, Roland, Hrsg.
Verspielen wir die Zukunft?
Gespräche über Technik und Glück
ISBN 3-7201-5150-6
DM 14,-/ÖS 110,-/Sfr. 14,-

Löw, Konrad
Im heiligen Jahr der Vergebung
Wider Tabu und Verteufelung der Juden
ISBN 3-7201-5241-3
DM 14,-/ÖS 110,-/Sfr. 14,-

Lübbe, Hermann
Zwischen Trend und Tradition
Überfordert uns die Gegenwart?
ISBN 3-7201-5136-0
DM 14,-/ÖS 110,-/Sfr. 14,-

Mast, Claudia
Zwischen Knopf und Kabel
Kommunikationstechnik für Wirtschaft
und Feierabend
ISBN 3-7201-5161-1
DM 14,-/ÖS 110,-/Sfr. 14,-

Mayer-Tasch, Peter C.
Schon wieder mischen sie Beton...
Lebensräume zwischen Architektur
und Politik
ISBN 3-7201-5257-X
DM 22,-/ÖS 170,-/Sfr. 22,-

Meves, Christa
**Werden wir ein Volk von
Neurotikern?**
Antrieb — Charakter — Erziehung
ISBN 3-7201-5081-X
DM 14,-/ÖS 110,-/Sfr. 14,-

Noelle-Neumann, Elisabeth
Eine demoskopische Deutschstunde
ISBN 3-7201-5155-7
DM 14,-/ÖS 110,-/Sfr. 14,-

Noelle-Neumann, Elisabeth
Demoskopische Geschichtsstunde
Vom Wartesaal der Geschichte
zur Deutschen Einheit
ISBN 3-7201-5242-1
DM 22,-/ÖS 170,-/Sfr. 22,-

Noelle-Neumann, Elisabeth/
Maier-Leibnitz, Heinz
Zweifel am Verstand
Das Irrationale als die neue Moral
ISBN 3-7201-5202-2
DM 14,-/ÖS 110,-/Sfr. 14,-

Oberreuter, Heinrich
Übermacht der Medien
Erstickt die demokratische
Kommunikation?
ISBN 3-7201-5144-1
DM 14,-/ÖS 110,-/Sfr. 14,-

Piel, Edgar
Im Geflecht der kleinen Netze
Vom deutschen Rückzug ins Private
ISBN 3-7201-5197-2
DM 14,-/ÖS 110,-/Sfr. 14,-

Rüthers, Bernd
Wir denken die Rechtsbegriffe um ...
Weltanschauung als Auslegungsprinzip
ISBN 3-7201-5199-9
DM 14,-/ÖS 110,-/Sfr. 14,-

Rüthers, Bernd
Das Ungerechte an der Gerechtigkeit
Defizite eines Begriffs
ISBN 3-7201-5239-1
DM 14,-/ÖS 110,-/Sfr. 14,-

Scheuch, Ute und Erwin K.
China und Indien
Eine soziologische Landvermessung
ISBN 3-7201-5196-4
DM 14,-/ÖS 110,-/Sfr. 14,-

Siemes, Wolfgang
Zeit im Kommen
Methoden und Risiken der magischen
und rationalen Zukunftsschau
ISBN 3-7201-5228-6
DM 14,-/ÖS 110,-/Sfr. 14,-

Silbermann, Alphons
Der ungeliebte Jude
Zur Soziologie des Antisemitismus
ISBN 3-7201-5134-4   14,-

Silbermann, Alphons
Was ist jüdischer Geist?
Zur Identität der Juden
ISBN 3-7201-5167-0
DM 14,-/ÖS 110,-/Sfr. 14,-

TEXTE + THESEN + VISIONEN
Experten im Dialog mit der Gegenwart
ISBN 3-7201-5250-2
DM 22,-/ÖS 170,-/Sfr. 22,-

Wingen, Max
Nichteheliche Lebensgemeinschaften
Formen — Motive — Folgen
ISBN 3-7201-5171-9
DM 14,-/ÖS 110,-/Sfr. 14,-

Wulffen, Barbara von
Zwischen Glück und Getto
Familie im Widerspruch zum Zeitgeist?
ISBN 3-7201-5128-X
DM 14,-/ÖS 110,-/Sfr. 14,-

Kultur/Wissen

Beinke, Lothar
Was macht die Schule falsch?
Positionen — Pädagogen —
Bildungsziele
ISBN 3-7201-5236-7
DM 14,-/ÖS 110,-/Sfr. 14,-

Claus, Jürgen
Das elektronische Bauhaus
Gestaltung mit
Umwelt
ISBN 3-7201-5204-9
DM 14,-/ÖS 110,-/Sfr. 14,-

Hammer, Felix
Antike Lebensregeln — neu bedacht
ISBN 3-7201-5224-3
DM 14,-/ÖS 110,-/Sfr. 14,-

Hügler, Elmar
Anstiftung zur Vorspiegelung wahrer Tatsachen
ISBN 3-7201-5256-1
DM 22,-/ÖS 170,-/Sfr. 22,-

Huter, Alois
Zur Ausbreitung von Vergnügung und Belehrung ...
Fernsehen als Kulturwirklichkeit
ISBN 3-7201-5211-1
DM 14,-/ÖS 110,-/Sfr. 14,-

Mensing, Wilhelm
Maulwürfe im Kulturbeet
DKP-Einfluß in Presse, Literatur und Kunst
ISBN 3-7201-5156-5
DM 14,-/ÖS 110,-/Sfr. 14,-

Piel, Edgar
Wenn Dichter lügen ...
Literatur als Menschenforschung
ISBN 3-7201-5208-1
DM 14,-/ÖS 110,-/Sfr. 14,-

Reuhl, Günter
Kulturgemeinschaften
Vom Kräfteverhältnis zwischen Ideen und Institutionen
ISBN 3-7201-5217-0
DM 14,-/ÖS 110,-/Sfr. 14,-

Reumann, Kurt
Lesefreuden und Lebenswelten
ISBN 3-7201-5244-8
DM 22,-/ÖS 170,-/Sfr. 22,-

Roegele, Otto B.
Neugier als Laster und Tugend
ISBN 3-7201-5142-5
DM 14,-/ÖS 110,-/Sfr. 14,-

Rüegg, Walter, Hrsg.
Konkurrenz der Kopfarbeiter
Universitäten können besser sein:
Ein internationaler Vergleich
ISBN 3-7201-5182-4
DM 14,-/ÖS 110,-/Sfr. 14,-

Schult, Gerhard
Medienmanager oder Meinungsmacher?
Vom Verwalten zum Stimulieren
Das Beispiel:
öffentlich-rechtlicher Rundfunk
ISBN 3-7201-5209-X
DM 14,-/ÖS 110,-/Sfr. 14,-

Seel, Wolfgang
Bildungs-Egoismus
Alle wollen mehr
ISBN 3-7201-5180-8
DM 14,-/ÖS 110,-/Sfr. 14,-

Zec, Peter
Informationsdesign
Die organisierte Kommunikation
ISBN 3-7201-5210-3
DM 14,-/ÖS 110,-/Sfr. 14,-

Natur/Umwelt

Eberlein, Gerald L.
Maximierung der Erkenntnisse ohne sozialen Sinn?
Für eine wertbewußte Wissenschaft
ISBN 3-7201-5206-5
DM 14,-/ÖS 110,-/Sfr. 14,-

Hammer, Felix
Selbstzensur für Forscher?
Schwerpunkte einer Wissenschaftsethik
ISBN 3-7201-5162-X
DM 14,-/ÖS 110,-/Sfr. 14,-

Illies, Joachim
Theologie der Sexualität
Die zweifache Herkunft der Liebe
ISBN 3-7201-5135-2
DM 14,-/ÖS 110,-/Sfr. 14,-

Kienle, Paul, Hrsg.
Wie kommt man auf einfaches Neues?
Der Forscher, Lehrer, Wissenschafts-
politiker und Hobbykoch
Heinz Maier-Leibnitz
ISBN 3-7201-5232-4
DM 22,-/ÖS 170,-/Sfr. 22,-

Kienle, Paul
Forschung im Focus
Experimentalphysik zwischen
Abenteuer und Anwendung
ISBN 3-7201-5249-9
DM 22,-/ÖS 170,-/Sfr. 22,-

Lindner, Roland, Hrsg.
Einfallsreiche Vernunft
Kreativ durch Wissen oder Gefühl?
ISBN 3-7201-5223-5
DM 14,-/ÖS 110,-/Sfr. 14,-

Lindner, Roland
**Technik zweite Natur
des Menschen?**
ISBN 3-7201-5234-0
DM 14,-/ÖS 110,-/Sfr. 14,-

Maier-Leibnitz, Heinz
Der geteilte Plato
Ein Atomphysiker zum Streit
um den Fortschritt
ISBN 3-7201-5138-7
DM 14,-/ÖS 110,-/Sfr. 14,-

Maier-Leibnitz, Heinz
Lernschock Tschernobyl
ISBN 3-7201-5191-3
DM 14,-/ÖS 110,-/Sfr. 14,-

Malunat, Bernd M.
Weltnatur und Staatenwelt
Gefahren unter dem Gesetz
der Ökonomie
ISBN 3-7201-5213-8
DM 14,-/ÖS 110,-/Sfr. 14,-

Markl, Hubert
Die Fortschrittsdroge
ISBN 3-7201-5243-X
DM 14,-/ÖS 110,-/Sfr. 14,-

Rühl, Walter
Energiefaktor Erdöl
In 250 Millionen Jahren entstanden —
nach 250 Jahren verbraucht?
ISBN 3-7201-5216-2
DM 14,-/ÖS 110,-/Sfr. 14,-

Schmied, Gerhard
Religion — eine List der Gene?
Soziobiologie contra Schöpfung
ISBN 3-7201-5219-7
DM 14,-/ÖS 110,-/Sfr. 14,-

Wulffen, Barbara von
Lichtwende
Vorsorglicher Nachruf
auf die Natur
ISBN 3-7201-5178-6
DM 14,-/ÖS 110,-/Sfr. 14,-

Die Reihe wird fortgesetzt. Fordern Sie Informationsmaterial an.

Verlag A. Fromm, Postfach 19 48, D—49009 Osnabrück
Edition Interfrom, Postfach 50 05, CH—8022 Zürich

Illies, Joachim
Theologie der Sexualität
Die zweifache Herkunft der Liebe
ISBN 3-7201-5**135**-2
DM 14,-/ÖS 110,-/Sfr. 14,-

Kienle, Paul, Hrsg.
Wie kommt man auf einfaches Neues?
Der Forscher, Lehrer, Wissenschafts-
politiker und Hobbykoch
Heinz Maier-Leibnitz
ISBN 3-7201-5**232**-4
DM 22,-/ÖS 170,-/Sfr. 22,-

Kienle, Paul
Forschung im Focus
Experimentalphysik zwischen
Abenteuer und Anwendung
ISBN 3-7201-5**249**-9
DM 22,-/ÖS 170,-/Sfr. 22,-

Lindner, Roland, Hrsg.
Einfallsreiche Vernunft
Kreativ durch Wissen oder Gefühl?
ISBN 3-7201-5**223**-5
DM 14,-/ÖS 110,-/Sfr. 14,-

Lindner, Roland
**Technik zweite Natur
des Menschen?**
ISBN 3-7201-5**234**-0
DM 14,-/ÖS 110,-/Sfr. 14,-

Maier-Leibnitz, Heinz
Der geteilte Plato
Ein Atomphysiker zum Streit
um den Fortschritt
ISBN 3-7201-5**138**-7
DM 14,-/ÖS 110,-/Sfr. 14,-

Maier-Leibnitz, Heinz
Lernschock Tschernobyl
ISBN 3-7201-5**191**-3
DM 14,-/ÖS 110,-/Sfr. 14,-

Malunat, Bernd M.
Weltnatur und Staatenwelt
Gefahren unter dem Gesetz
der Ökonomie
ISBN 3-7201-5**213**-8
DM 14,-/ÖS 110,-/Sfr. 14,-

Markl, Hubert
Die Fortschrittsdroge
ISBN 3-7201-5**243**-X
DM 14,-/ÖS 110,-/Sfr. 14,-

Rühl, Walter
Energiefaktor Erdöl
In 250 Millionen Jahren entstanden —
nach 250 Jahren verbraucht?
ISBN 3-7201-5**216**-2
DM 14,-/ÖS 110,-/Sfr. 14,-

Schmied, Gerhard
Religion — eine List der Gene?
Soziobiologie contra Schöpfung
ISBN 3-7201-5**219**-7
DM 14,-/ÖS 110,-/Sfr. 14,-

Wulffen, Barbara von
Lichtwende
Vorsorglicher Nachruf
auf die Natur
ISBN 3-7201-5**178**-6
DM 14,-/ÖS 110,-/Sfr. 14,-

Die Reihe wird fortgesetzt. Fordern Sie Informationsmaterial an.

Verlag A. Fromm, Postfach 19 48, D—49009 Osnabrück
Edition Interfrom, Postfach 50 05, CH—8022 Zürich